称职的父母：如何为孩子创建健康的原生家庭

[美]里克·约翰逊（Rick Johnson）——著
郑淑丽——译

上海社会科学院出版社
SHANGHAI ACADEMY OF SOCIAL SCIENCES PRESS

图书在版编目（CIP）数据

称职的父母：如何为孩子创建健康的原生家庭/（美）里克·约翰逊(Rick Johnson) 著；郑淑丽译.—上海：上海社会科学院出版社，2019
书名原文：Overcoming Toxic Parenting
ISBN 978-7-5520-2919-2

Ⅰ.①称… Ⅱ.①里…②郑… Ⅲ.①儿童教育－家庭教育 Ⅳ.① G782

中国版本图书馆 CIP 数据核字 (2020) 第 036474 号

Copyright 2016 by Rick Johnson
Originally published in English under the title
Overcoming Toxic Parenting
by Revell , a division of Baker Publishing Group ,
Grand Rapids , Michigan , 49516 , U.S.A.
All rights reserved.

上海市版权局著作权合同登记号：图字 09-2020-155 号

称职的父母：如何为孩子创建健康的原生家庭

著　者：（美）里克·约翰逊 (Rick Johnson)
译　者：郑淑丽
责任编辑：杜颖颖
特约编辑：胡珮珮
装帧设计：主语设计
出版发行：上海社会科学院出版社
　　　　　地　　址：上海顺昌路622号　　邮　　编：200025
　　　　　电话总机：021-63315947　　　销售热线：021-53063735
　　　　　http://www.sassp.cn　　　　　E-mail：sassp@sassp.cn
印　　刷：三河市恒彩印务有限公司
开　　本：880 毫米 x1230 毫米 1/32
印　　张：8.25
字　　数：153 千字
版　　次：2020 年 4 月第 1 版　2020 年 4 月第 1 次印刷

ISBN 978-7-5520-2919-2/G · 903　　　　定　价：42.00 元

版权所有　翻印必究

献给卡伦，为你所有应得而未得的经历，

为你所有得到却不应得的经历，

你在未来仍会拥有让人惊叹的生活。

勇敢一些——你要比你所认为的更加强大。

我为你感到骄傲。

我爱你。

Preface 序言

我们成长的家庭都会存在功能失调的情况，有些家庭会健康一些，而有些家庭则比其他家庭更糟糕。一个家庭越不健康，它对孩子造成的伤害就越大，并且，这些伤害会直接影响到我们在成年之后的生活。

但是，就像大多数孩子一样，我们总是想当然地认为，我们被抚养长大的方式和其他人是相似的——即我们所认为的"正常"。而在其中可能包含着言语虐待、身体虐待、性虐待，以及孤立和忽视。但是，不管我们怎样为此辩解，它始终都是虐待。如果我们经历的事情发生在隔壁的家庭，我们肯定会毫不犹豫地把它称为"虐待"。

作为一名心理学家、心理咨询师和电台主持人，我每天都会与受过严重创伤的人交谈。他们现在的生活被成长中所遭受的虐待摧残着。有时候，在我们聆听时，我们会清楚地知道，这些问题都直接源于他们童年的经历。问题是，人们很少能想到这一点。所以，他们可能从未把今日让自己内心痛苦挣扎的问题，与往日的童年经历相联系。他们遭受的恶行不仅在过去产生着影响，在他们今日的生活中也仍然产生着影响。

里克·约翰逊写下了这本极其重要的书，旨在帮助大家去认识、理解，然后采取措施从童年的创伤中获得治愈。他先是带领着读者去认识专业咨询、深入理解、指导以及原谅他人的重要性，然后又带领大家更深层次地进入到获得治愈以及让自己变得强大和被赋予力量的过程中来。

去年，我在一场关于婚姻的大型会议上遇到了里克，并且我们共同参加了其中的一场活动。在听到他的讲述，看到观众的反应后，我可以告诉你，里克的讲述都来自于他的经历，他所说的都是具有实践意义的。

你现在拿起这本书，是因为你知道，是时候该放手过去，以便可以开启愉悦、满足和快乐的新生活了。最重要的是，这样你就可以打破世代延续的模式，这些模式可能很容易让你童年的经历在你孩子身上重演。我希望，书中那些关于其他家庭的描述，以及提到的那些原则，能让你开启这场你和你家庭的治愈之旅，你也会因此成为对世代传承模式做出改变的人。你的孩子都在指望着你！

大卫·斯图普

Forward 前言

在这个世界上，几乎每个人都想要成为爱孩子的好父母。但除非我们非常幸运，是由真正懂得如何做父母的人抚养长大，否则我们就需要成为比他们更好的父母。但是，对于那些由带着心灵创伤、丧失信心、甚至是真正糟糕的父母抚养长大的人来说，挑战不仅在于如何摒弃那些由父母养成的习惯，还在于如何找出一种适合他们的健康模式。这是一项重大挑战，因为我们对未知事物全无了解。只是说不要像父母那样做，是远远不够的——我们必须要有积极的模式来填补由此造成的空缺，否则我们就会重新回到熟悉的旧模式上去。在面临压力时，我们会重拾之前的旧习惯，模仿在童年时由长久照顾我们的人示范的行为。这会给父母以及孩子造成痛苦、内疚和羞愧，还会造成代际循环①，让创伤延续至下一代。

与其重复父母在我们儿时所养成的那些模式，不如了解一下如何"转败为胜"，学着成为我们渴望成为，也是曾经希望拥有的那种父母，这不是更好吗？

来自功能失调家庭的人都知道，从新去了解如何做一个健康的父母是多么艰难。对于遭受过虐待或遗弃的人来说，那些创伤会影响我们以正确的方式养育孩子，尤其是在我们没有理解和认识是什么促使我们做出决定的情况下。即使没有遭受虐待，我们中的一些人可能没有父亲或母亲，成长过程中就像孤儿一样。有时候，没有引导要比不好的引导还糟糕。不管是哪种情况，都会使消极的行为模式或趋势一代代地延续下去。举个例子，我们的机构在工作中会接触到很多在监狱里服刑的男人，他们中的很多人告诉我，他们的祖父或父亲也进过监狱。他们不打算进监狱，但最终还是进来了，这是他们获赠的"遗产"。我们也和很多单身妈妈以及她们的孩子一起工作，很多单身妈妈告诉我，她们的外祖母是单身妈妈，她们的母亲是单身妈妈，她们自己也是单身妈妈，而现在，她们的女儿也成为了

---

① 指行为模式和理念会由一代传至下一代，详细解释见第 45 页。——译者注

单身妈妈。事实上，她们从来不想成为单身妈妈，但这是她们无法逃脱的宿命。她们往往会做出决定以及选择（有些甚至是下意识的），导致她们变成单身妈妈。之后，她们还会将这一行为模式传递给孩子。

处在这些情况下的大多数父母的挫败感主要源于这样一个问题：我该如何学习重新设定思维过程，以便能做出更加健康的选择？我们在日常生活中面临压力时做出的仓促决定，会对我们成为怎样的父母产生极大的影响。打破这些代际循环需要学习和指导。就学习而言，这本书可以成为一个极好的资源。

我是由一个暴力、酗酒的母亲和一个具有自恋和共依存人格、酗酒的继父抚养长大。在事后想来，我们的家庭中有很多不健康行为，但它们在当时看来都是正常的。其中一些行为不及他人承受的创伤那样严重，而有一些则要严重得多。而且，相当多在今日被认定是虐待的行为，在 20 世纪 60 年代却被看作是正常的行为。但是，我们遭受虐待的严重程度从来都不是问题所在。任何形式的虐待都是虐待——并且它对我们造成了伤害。我和我的兄弟姐妹们遭遇的痛苦经历包括：总是被我们的母亲打耳光；光屁股挨皮带抽打，打出伤痕，有时还会被打出血（对于一个愤怒的继父来说，几乎不加思考就会用皮带抽打）；在公众场合被高声训斥；通过批评、羞辱，让我们感到被贬低；被迫在餐桌边坐上几小时，直到我们吃光盘子里的所有食物；目睹多场家庭暴力事件，以及警察和救护车半夜到家里的闹剧；忍受我母亲多次的自杀企图和事件余波。更让人痛苦的是那些用来作为伤害孩子心灵武器的话语。这些痛苦会持续很长时间。

我的妻子和我有着相似的成长背景，我们都来自功能失调并有着虐待行为的家庭。这使得我们在很多年里，都在以个人或夫妻的形式进行心理咨询。这些经历，以及对关于心灵创伤的个人研究和课题研究的广泛阅览（有些是出于个人目的，有些是为了写书进行的查阅），让我对这一主题有了丰富的背景了解和强烈的热情。治愈我的童年创伤，以及陪伴我妻子治愈她的创伤，让我对心灵创伤如何影响我们的生活以及我们做出选择有了独特的洞察和了解。此外，打破与这些功能失调行为相关的代际循环这项挑战本身，就极具有启发意义。

在这本书中，我分享了一些我童年的经历。抚养我长大的父母都已经过世，我在书中描述的任何事情都不是为了对他们表达不敬，也不是通过让他们看上去很糟来对他们进行某种程度的报复。这只是为了让那些可能有相似经历的人知道，他们并不孤单，并且是有希望获得改变的。

你想要从童年的虐待中获得治愈，然后为你自己和孩子创造更好的生活吗？我在这本书中讲述的措施实行起来需要勇气和毅力，它们不是为缺乏勇气的人准备的。但就个人经验而言，我知道它们都是有用的。我相信它们对你也会管用。所以，请迈出一步，并坚持下去吧——你会改变自己，并因此改变你周围的世界！试着放轻松——这些付出都是有意义的。

译者序

作为两个孩子的母亲，第一次拿到书稿就情不自禁一次读完了，这本书的作者根据自己的心理学背景和多年心理咨询的经验，结合自己真实的成长故事，全面阐述了不健康的原生家庭对孩子造成的童年创伤和成年后的影响，同时还明确指出了如何超越原生家庭为下一代创建健康原生家庭的路径，这是一本值得每一位父母都仔细阅读的好书。

印象最深的是书中有一章提到治愈的四个步骤可分为：深入了解：原因与结果，心理咨询，生活中的导师，勇敢地面对我们的施虐者，用我们的伤痛去帮助别人。我们每个人或多或少在童年时期都受到过创伤，小的时候大脑出于自我保护，会自动把没有释放的情绪记忆储存在我们中脑的杏仁核里，成年后这些情绪记忆就会开始影响我们的生活，我记得2009年当我开始进入婚姻，进入一段真正的亲密关系的时候，我小时候储存的很多复杂的消极情绪就常常被勾起来，我很容易就感受到强烈的不安全感、不公平感和愤怒感，面对这些莫名的情绪，我不知道该如何应对。我的先生成长于一个稳定的家庭，他对我的消极情绪既无法理解也不知所措。有一天晚上在家里，我突然感到莫名地痛苦，我自己一个人喝了一瓶红酒，然后不省人事，第二天醒来，先生说我昨晚不停地哭，然后就不停地吐，他问我发生了什么，我说没什么，就是心情很差，但是当时家里一切都很好，自己怎么会莫名地沮丧和暴躁呢？我感到非常担心，我知道是我自己出了问题，我就开始阅读心理学的书籍，参加觉察成长小组，深入了解自己，了解自己的情绪，后来我在心理咨询师的引导下，回顾从父亲和母亲那里获得了什么能量，我惊讶地发现自己从母亲身上获得了非常多鼓励和积极的能量，而与父亲却有很多隔阂和受挫，咨询师给我布置了作业，让我采访自己的父亲，让我带着好奇心去了解他的童年，了解他的人生观和养育观，去把自己心中难以释怀的事情与他进行对话交流，我于是鼓起勇气直面父亲，与他进行了深入的对话，我像一个好奇又不解的孩子，不停地追问，你为什么会这样，你为什么会那样……你小时候是什么样子的……慢慢地，我才理解了父亲，父亲的父亲很早就去世了，他小的时候学习成绩是全校最优秀的，却因为身份不好无法考大学继续学业，结婚后，他原本可以在老家安安稳稳地做一名乡村医生，可是为了给我们兄弟姐妹创造更好地成长环境,他突破了自己内向的性格,只身到外地做起工程项目,他拼了命不停的工作才养活了我们五兄弟姐妹,把我们从农村带到了城市,供我们上大学,虽然相比城市里有文化的父母,他无法那么情感细腻地关爱我们,也从来没有参加过我们一次家长会,更加无法为我们辅导作业,可是他有一条信念:只要我们能读书,就一定要想尽办法给我们交学费。无论我们对他有多少不满,他认为他已经做到了这一条,他对自己父亲的角色已经很满意了。对话结束后,我们俩都泪流满面,我好像开始真正地理解他,也许和城市里的父母相比,他有很多不完美的地方,可是他已经尽力了,我感受到了他对我们的爱,解开了我们之间的误会,我也开始感受到原生家庭的滋养,从此愤怒感和不公平感减少了很多。

后来有了孩子,我又再次陷入了情绪的黑洞,在大女儿一岁左右时,我有一天突然情绪麻木,我看到所有的颜色都变成了灰色,没有了喜怒哀乐,伴随着一股生无可恋的沮丧,这种感觉让我感到害怕,为了孩子,我积极地寻找解决办法,我发现情绪释放已经不足以解决我的问题了,我的原生家庭没有为我提供很好的榜样和养育方法的示范,我不知道该如何做一位更好的母亲,我希望能够更科学更有效地和我的孩子相处,于是,我开始学习正面管教,正面管教和善与坚定并行、先连接后纠正、关注于解决方案等养育理念，以及正面语言、有限选择、启发式提问等有效的沟通方法，帮助我更加从容自信地面对孩子的挑战行为。作为一名正面管教的践行者和传播者，我有幸结识了很多智慧型的父母，包括正面管教创始人简·尼尔森博士及其女儿玛丽女士，还有正面管教丛书的作者们，她们很多都成为了我的生活导师，看到她们家庭的相处方式，看到她们的人生状态，她们对我的鼓励和支持，让我变得越来越有力量。随着我的成长和蜕变，我也找到了自己人生使命，那就是三有成长的成立，期望能帮助更多家庭、学校和社区实现有爱、有趣、有效的三有生活方式。奥地利心理学家阿德勒说过：重要的不是发生了什么，而是你赋予它什么意义。的确，没有人是完美的，无论我们的父母多么努力，依然多少会在我们的成长中带来一些伤痛，我们带着这些伤痛建立新的家庭，唯有勇气、智慧和刻意练习新方法，才能为我们的孩子创建健康的原生家庭。我特别赞同作者的观点：更好的家长＝更好的家庭＝更好的世界。我愿意为此贡献自己的力量。

感谢作者提出的治愈的四个步骤，让我也回顾了自己的成长治愈之路，确实也经历了书中提到的四个阶段：深入了解：原因与结果，心理咨询，生活中的导师，勇敢地面对我们的施虐者，用我们的伤痛去帮助别人。

书中提到了创伤对大脑结构的影响、功能失调的类别、父母的职责等等都是非常有价值的家庭养育的知识。我觉得这本书不是结束，而是一个开始。

阿德勒说，有的人一生都在被童年治愈，有的人一生都在治愈童年。如何为孩子创建健康的原生家庭？那就是把我们的童年伤痛化作成长的动力，在日常家庭生活挑战中觉察自己的情绪并积极练习新的养育技能。重塑新的家庭相处模式，这是一个决定，更是一次行动，别忘了，唯有行动才能带来真正的改变。去享受因孩子而蜕变成长的美妙旅程吧，你值得拥有！

郑淑丽

2019 年 8 月 25 日于深圳

CONTENTS 目录

第1章　当父母不称职时 /001

> 暴力的家庭对儿童大脑造成的影响，与战斗对士兵造成的影响是同样的。
>
> ——丹尼尔·阿蒙

"虐待"的家庭体系　/005

遗弃孩子　/010

情感或心理虐待　/013

言语虐待　/015

身体虐待　/018

乱伦或性虐待　/020

忽　视　/024

酗　酒　/026

精神疾病　/030

第 2 章　过去的经历如何影响我们对孩子的养育 /035

> 他们中的许多人并不了解,为什么他们的生活无法正常运转。还有很多人会感到自己的自尊受到伤害,因为他们的父母经常打他们,批评他们,或是"开玩笑"说他们是多么笨、丑陋、不受欢迎。还有一些人因负罪感、性虐待或被迫承担过多责任而感到不堪重负。
>
> ——苏珊·福沃德

后　果　/038

模　式　/042

行　为　/044

打破代际循环　/045

贫穷的弊端　/048

创伤如何改变大脑　/053

第 3 章　治愈我们的创伤 /057

童年遭受的虐待给人留下的最糟糕影响,是对如何过上正常、平衡、健康的成年生活一无所知!

——劳拉·施莱辛格

了解我们的家庭动态　　/062

差异化　　/065

了解我们的创伤　　/068

身体、灵魂和精神　　/074

尊敬你的父母　　/077

第4章 治愈的四个步骤 /081

> 治愈或许不是为了变得更好，而是让你放下所有不好的事情——期待和信念，然后成为真正的自己。
>
> ——瑞秋·内奥米·莱曼

深入了解：原因与结果　/083

心理咨询　/086

生活中的导师　/089

勇敢地面对我们的施虐者　/097

用我们的伤痛去帮助别人　/100

第5章 治愈我们的情绪 /103

有毒的人际关系可以改变我们的认识。你可能在很多年里都认为自己一无是处。但你并非一无是处,你只是没有得到欣赏。

——史蒂夫·马拉贝利

态 度 /106

哀痛与悲伤 /109

处理我们的愤怒 /114

原谅虐待我们的人 /120

原谅自己 /125

第6章　新的养育策略 /127

> 我认为，夫妻之间持久忠诚的爱情，还有对孩子的养育，是所有人都渴望的，也是最高尚的行为。关于这方面的书籍并不多。
>
> ——尼古拉斯·斯帕克斯

重新设定我们的大脑　 / 131

决定的做出和下意识的偏见　 / 139

错误的认知　 / 143

克服我们的恐惧　 / 146

突破不健康的养育行为　 / 148

孩子需要什么，为什么需要　 / 151

第7章　好孩子，坏孩子 /155

当一个孩子打了一个成年人时，我们称之为敌意。当一个成年人打了一个成年人时，我们称之为攻击。当一个成年人打一个孩子时，我们称之为管教。

——海姆·G. 吉诺特

管教与惩罚　／158

运用管教　／162

界　限　／171

环境与遗传学　／174

第8章　关于健康亲密关系的练习 /179

> 对于发生在你身上的所有事情，你可以替自己感到难过，也可以把它们当成是一份礼物。它们要么是一次成长的机会，要么是阻碍你成长的障碍，由你来做出选择。
>
> ——韦恩·戴尔

最好的养育建议：爱你的配偶　　/182

承诺：最重要的品质　　/188

防止你的孩子遭受性骚扰　　/191

健康的沟通　/194

健康的身体爱抚　　/198

第 9 章　女性：你为什么重要 /201

摇摇篮的手就是统治世界的手。

——W. R. 华莱士

对你的儿子来说　　/ 203

对你的女儿来说　　/ 205

对你的丈夫来说　　/ 207

对你的家庭来说　　/ 210

第 10 章　男性：你为什么重要 /213

> 谢尔曼有一个可怕的发现，男人早晚会和他们的父亲一样……他面前的这个男人不是一位年长的父亲，而是一个男孩，一个非像他自己的男孩，一个长大后有了自己孩子的男孩，并且，这个人尽己所能，出于一种责任感，也许还有爱，接受了一个叫作"父亲"的角色，这样他的孩子就拥有了某种神奇而又无比重要的东西：一个保护者，他会制止生活中任何混乱和灾难的发生。
>
> ——汤姆·乌尔夫

对你的儿子来说　/ 216

对你的女儿来说　/ 221

对你的妻子来说　/ 224

对你的家庭来说　/ 226

结　语　更好的父母，更好的家庭，更好的世界 /231

最后的话 /236

第 1 章
当父母不称职时

暴力的家庭对儿童大脑造成的影响,与战斗对士兵造成的影响是同样的。

——丹尼尔·阿蒙

在美国，有相当多的人承受着由会伤害他人情感的人抚养长大所带来的影响。美国疾病控制和预防中心和位于圣地亚哥市的凯撒医疗集团健康评估门诊合作开展了一项研究。他们对凯撒医疗集团的17000名员工进行了调查，看他们是否有过下面这8种"不良童年经历（adverse childhood experiences，ACEs）"。这些经历包括：

情感虐待

身体虐待

性虐待

受虐的母亲

父母分居或离婚

滥用药物的母亲

患有精神疾病的母亲

被监禁的家庭成员

每3个参与者中就有2个报告说至少有过1种经历，每5个人中就至少有 1 个人报告说有过 3 种或 3 种以上的经历①。

在这样经历的影响下,会建立起一些能影响甚至掌控我们成年后生活的模式。随后,我们会给孩子建立起这些模式,诸如药物成瘾、虐待、酗酒以及遗弃孩子之类的行为,通常会导致持续的代际循环。当我们对自己感觉很糟时(就像人受了伤一样),我们往往会迁怒于他人(比如我们的配偶和孩子),通常是那些无法保护自己的人。

当然,不是每一个来自虐待家庭的人都会虐待自己的孩子。有些人成功地打破了这些循环。我们有一种倾向,相信所有的施虐者都曾遭受过虐待。事实并非完全如此。遭受虐待的人在成为父母后,只有约 40% 的人会继续虐待自己的孩子。② 然而,对于遭受虐待的孩子而言,哪怕是 1% 的比列都显得太多了。

一个孩子对自己有怎样的感受,父母的言行起着非常重要的作用——不论是好的还是坏的。苏珊·福沃德博士在她的 *Toxic Parents: Overcoming Their Hurtful Legacy*③ 一书中说:"父母在我们身上种下了精神和情感的种子,它们会随我们一同成长。

---

① *Renewed*, Lucille Zimmerman, Abingdon Press, 2013。——作者注
② *The Social Animal: Hidden Sources of Love, Character, and Achievement*, David Brooks, Random House, 2011。——作者注
③ 中文版《原生家庭:如何修补自己的性格缺陷》由北京时代华文书局于 2018 年翻译出版。——译者注

在有些家庭里，父母种下的是爱、尊重和独立，而在另一些家庭里，则是恐惧、责任或负罪感。"

如果你正在读这本书，你或者某个你爱的人可能遭受过虐待，或是在一个存在虐待行为的环境中被抚养长大。让我们花点儿时间，来了解一下什么是虐待，它是什么样子的，以及它是如何影响已经成年并且成为父母的我们。一旦我们对所面临的挑战有了深入了解，我们就能朝着好的方向前进——改变是有可能发生的！

让我们先来看看虐待家庭是如何运转的。

"虐待"的家庭体系

当我们还是一个孩子时，我们的家庭打造了我们的全部生活。它教给我们，我们是谁，以及我们应该如何与这个世界互动。健康的家庭能教给我们各种技能，还会给予我们鼓励，从而让我们能够成功地与这个世界以及他人交流互动。"有毒"的家庭则教给我们生存的技能，这些技能有可能会也可能不会引领我们过上一种成功的生活。正因如此,许多遭受过虐待的人做出了对自己不利的选择,比如会相信自己无法信任任何人,自己不值得被别人喜爱,或是将永远一事无成。他们注定会延续家庭中的这些功能失调行为。来自有虐待行为家庭的人被教导说,表现得与众不同是很不好的——他必须不惜一切代价遵从和遵守家庭规则。表现得与众不同就是成为叛徒,在有虐待行为的家庭中,成为叛徒或背叛家庭是不可饶恕的。

许多家庭通过"角色扮演"让家庭体系得以延续。成长在功能失调家庭中的孩子,往往在家庭中扮演特定的角色。例如,如果爸爸的角色是酗酒者,妈妈的角色是共依存者,那么孩子的角色就会变成家里的"父母"。下面是一些常见的角色[1](我和我的3个兄弟姐妹就很好地演绎了这些角色):

叛逆者会陷入麻烦,并会被称为"坏男孩"或"坏女孩"。他们的行为通常会被注意,并由此分散每个人对家中真正问题的关注。他们也被称为"替罪羊"。他们对自己的家庭生活感到羞愧,而且他们往往是最先"恢复正常"的人。

---

[1] "Early Wounding & Dysfunctional Family Roles", Lisa A. Miles, *World of Psychology*, 2013。——作者注

吉祥物或小丑会用有趣的事情缓解紧张的局面，让充满火药味的局势平静下来。这种幽默能帮助一个处在痛苦中的家庭，但它的"镇痛"效果只是暂时的。这样的孩子很体贴，有一副好心肠，但似乎永远都长不大。

榜样女孩（或榜样男孩）恪守本分，令人尊敬。他们成绩优异，不惹麻烦，而且往往是父亲或母亲无话不谈的朋友。他们是家中能解决问题的人，但他们自身的需求永远得不到满足。他们会比较刻板、武断，并且控制欲较强。他们非常自立，并且通常在生活中非常成功，但却缺乏与人情感上的亲密。

隐形的孩子变得让人难寻其踪。他们通过参加各种活动、交朋友或者体育训练来远离家庭。他们逃避现实，但他们通常会感到非常伤心和愤怒，尽管他们会否认并回避谈到这一点。

父母在家中的地位像是上帝。他们提供食物和住所，制定规则，并发放痛苦，不管这是否合理。没有了父母，孩子们会本能地知道他们将失去保护，也将失去食物和住所。他们会一直处于恐惧之中，无法独立生活。

有虐待行为的家庭往往会有共同的特征，其中包括从表面看上去一切正常、情感疏离、保守秘密、贫困、气氛紧张，以及缺乏尊重。

每个孩子都拥有一定的权利。他们拥有基本需求得到满足的权利，比如获得食物、有衣服穿、有地方住，以及受到保护。他们还拥有得到亲情抚育的权利，拥有犯错的权利，以及在没有身体虐待或情感虐待的情况下被管教的权利。不幸的是，这些权利在有虐待行为的家庭中很少得到尊重。

> **有毒父母的应对方式**
>
> 当他们的家庭平衡受到威胁时，有毒的父母做出的回应是：用行动来宣泄他们的恐惧和受挫失望的情绪，但很少会考虑对自己孩子造成的后果。下面是一些常见的应对机制：
>
> ・矢口否认——对"所有事都是不对的"或是"这种事情还会再次发生"一口否认。重新贴标签也是一种否认——一个酗酒者变成了"为了应酬不得不饮酒"。
>
> ・投射——虐待孩子的父母经常指责孩子有很多不足，而这些却正是他们自己的不足之处。
>
> ・搞破坏——在功能失调的家庭中，其他家庭成员承担着解救者和照料者的角色。如果任何一个家庭成员开始改变或恢复健康，就会威胁到家庭的平衡，其他成员可能会下意识地破坏他取得成功的机会，从而使一切又恢复正常。

> ·三角战术——一位有毒的父母可能会拉拢一个孩子作为亲信或盟友,来对抗另一位父母。孩子被迫选择其中一方,然后成为父母倾吐不快的情感垃圾场。
>
> ·保守秘密——这会把家庭变成私人俱乐部。那些通过说自己"从楼梯上摔了下来"来掩饰虐待行为的孩子,正在保护"俱乐部"不受外界干扰。

然而,大多数的人(尤其是遭受过虐待但又渴望得到父母养育的人)仍然需要神化他们的父母——无论他们的父母有多么糟糕。许多受害者仍旧相信他们父母的行为是合理的,例如"我猜我可能是活该"或者"确实,我被打了,但我最终没事了"。虐待孩子的父母倾向于否认自己虐待过孩子,或者说他们这么做是有原因的。仅仅因为不称职的父母"不是故意的",并不意味着这没有造成伤害。是否具有意向性不是虐待孩子的先决条件。我们总能听到人们为这些父母找借口,说"他们并没有要造成伤害"或"他们已经尽了最大努力"。在绝大多数情况下,不称职的父母会期望孩子以某种方式照顾他们,满足他们的需求——这些任务都是孩子们无法完成的。我之前一直不相信我的父母表现出的许多行为是带有虐待性的,直到有很多心理咨询师和朋友指出问题，或是询问我是否也曾以同样的方式对待我的孩子。

鉴于我们中的很多人要么会否认自己受到过虐待，要么会为自己父母的行为辩护，因此让我们先来看看以下几种虐待类型。如果我们不了解一种行为或拒绝承认这种行为，那么就很难对其做出改变（并从而治愈创伤）。

遗弃孩子

如果一个孩子没有得到应有的心理上和生理上的保护，那他等同于被遗弃了。被抛弃的经历会告诉一个孩子："你不重要——你没有价值。"之后，被抛弃的孩子会逐渐产生出一种深深的耻辱感。他们长大后会相信，这个世界是不安全的，人是不可信的，并且他们不值得拥有爱和关心。被遗弃的孩子通常相信，他们无法达到父母的期望（这些期望往往都是不切实际的），认为他们要对其他人的行为负责，认为父母否定的是自己的人格，而不是行动。他们普遍拥有的想法包括：

- 犯错误是不可以的。
- 表达你的感受是不可以的。
- 有需求是不可以的——他人的需求才是更重要的。
- 取得成功是不可以的——成就不会得到承认或重视。①

我的妻子苏珊妮被她的父亲（她只见过他两面）和母亲遗弃，她的母亲在她 10 岁后就不再抚养她（苏珊妮后来在 13 岁时离开了家）。因此在我们结婚时，她有着非常严重的"遗弃问题"。她无法相信"我不会遗弃她"这件事，她会疑心重重地保护着自己内心不受伤害。再次被遗弃是她最害怕的事情。她甚至打算试着逼我到离开的地步（可能是下意识地想要试探我的承诺的坚定程度）。这 30 年的大多数时间里，我都很好地信守了承诺，让她开始相信我不会遗弃她。我的承诺的坚定，治愈了她心中那道深深的"被遗弃"伤口，或者说至少使伤口不再恶化。

我们在工作中会接触成百上千个男孩、女孩（以及成年

---

① "Understanding the Pain of Abandonment", Claudia Black, *Psychology Today*, 2010。——作者注

人），他们都曾被父亲遗弃。在与人打交道时，他们会在内心与自尊、自信、承担风险、尝试新事物、害怕失败以及发展亲密关系这些问题做斗争。

这些问题会从几个方面体现出来。许多渴求着父爱的女孩，都情愿接受（同样没有父亲的）好色成性的花花公子的性挑逗。这些花花公子们先是急切地想获得她们的爱，然后把她们抛弃，就像用过的餐巾纸一样。没有父亲造成的一个影响，是男孩们会试图让自己像个男人，或者通过用性去征服女孩，让自己跨过成年男性这道门槛。没有父亲对女孩造成的影响也是同样具有破坏性的，会导致女孩渴望通过和男孩性接触而产生感情。

一位女士在谈到她的童年时这样说："我想，最大的创伤就是被父亲遗弃。我的父亲在我 14 岁时离开了，这真的是一场灾难，因为我们家真的是'一个幸福的家庭'。大家相处得很好，也没有任何出现问题的征兆。但中年危机的到来击倒了我的父亲，然后他离开了。所有一切都分崩离析。"

对这位女士来说，"遗弃"困扰了她一生："遗弃对我来说是最大的问题。离婚和虐待困扰着我的生活。一直以来，相信自己有价值并且能过上平静的生活都是一项挑战。我逐渐地开始相信的'不健康的核心信念'源于家庭的破碎……我永远都达不到别人的期望，所以我也不值得拥有爱。"

我们甚至可以看到，被充满爱意的家庭收养的孩子仍旧会与遗弃问题做斗争，这种情况会一直延续到成年阶段。被遗弃的孩子们会逐渐形成依恋障碍，并且会惧怕亲密的人际关系。

情感或心理虐待

情感虐待会损害一个孩子情感和自我价值感的发展。情感虐待可能包括尖声喊叫、谩骂、指责、讽刺、贬低、羞辱、威胁、冷漠对待，或者不给予爱和支持，并且它经常和其他类型的虐待行为掺杂在一起。

一些专业人士认为，情感或心理虐待比身体虐待更具破坏性。这是因为内心的伤口要比外在的伤口愈合的慢一些。

在我们受伤时（尤其是在童年时期），我们往往会开展关于这一创伤的"自我对话"。例如，如果你遭受虐待，你可能会觉得自惭形秽，或者觉得自己在一定程度上是活该遭受虐待。此外，照料者对我们说的话往往会深深地根植在我们心中。如果父亲或者母亲告诉我们，我们"不好"或"蠢透了"，我们在潜意识里往往会相信这些话。之后，我们的潜意识会制造"播放机"，将这些话语一遍遍地重复播放，即使我们没意识到这件事情正在发生。这一现象会致使我们在一生中不断地自我摧残，因为这些话会一遍又一遍地播放，反复地告诉我们无法做成什么以及其中的缘由。然而，那些话的内容几乎从来都不是真的。我们每个人的头脑中都有一个小声音在与自己对话，这个声音会经常重复父母曾对我们说过的话。这些声音会对孩子说一些谎言："你一文不值""你将一事无成"，甚至是"我真希望没有生过你"。这会让我们的灵魂疯掉，并且制造出强烈的绝望感。

甚至当我们长大成人后，我们的父母还能向我们施加巨大的心理压力。当我终于鼓起勇气与我母亲分享关于我的信仰时，她给我回了一封信，上面写道："你这是在找借口让人们喜欢你。如果他们像我一样了解你，他们也一样会厌恶你。"即使是作为一个成年人，这些话还是深深地刺痛了我的心。

我总是觉得我和我的父母不一样。我还记得当我还是孩子时做的白日梦，我一直相信自己是被收养的，这一切都是彻头彻尾的错误，总有一天我会找到两个善良、有爱心的人，他们才是我真正的父母。有毒的父母倾向于把孩子的个体差异视为一种人身攻击，于是，父母通过培养一个孩子的无助和依赖来保护自己。因为在有虐待行为的家庭里,"矢口否认"和"表面看来一切正常"的情况太常见了,任何一个想要与这些谎言作对的人,都注定会受到额外的鄙视和轻视。因为我拒绝相信我们家庭的生活方式是"正常的",所以我遭到了嫌弃,还被贴上了一个"以为自己比其他人都更好的坏家伙"的标签。写作这本书让我重新审视了我的童年生活,我也因此发现,在我还是个小男孩的时候,我实际上是多么地勇敢。反抗那些陈规老套需要极大的勇气。不过,我的反抗也让我遭到了更多的情感虐待。

言语虐待

言语虐待与情感和心理虐待是相似的。情感虐待者通常是通过言语虐待将伤害传递给他人。言语虐待者包括两种人:第一种人会直截了当地攻击、贬低他们的孩子。他们会说孩子"傻""一无是处"或者"丑陋",他们甚至会开玩笑地用有辱人格的词来称呼孩子,比如"坏蛋""胖子",这些都是非常伤人的,并且可能造成持久性的伤害。像这样出自父母口中的侮辱性话语,就像是烙在孩子灵魂上的印记。父母或许还会说些类似"希望没有生过这个孩子"这样的话（这可能是父母能对孩子说出的最残忍的话）。他们持续不断的攻击会深深地伤害孩子正在构建的自尊。第二种人则要更"转弯抹角"一些，他们使用的是一连串持续不停的戏弄、讽刺、侮辱性的绰号和微妙的奚落。

而且，即使在孩子取得成功时，父母也会打击他们说："你还没有那么棒""你以为自己是谁"或者"任何人都能做到这些"。如果孩子失败了，你应该也知道，父母会对他们说："毕竟你也没有付出过什么。"通常，这些孩子就会放弃，不再尝试任何事情，因为这比被羞辱要好很多。即使他们真的成功做成了某件事，他们往往也会感到内疚，并且寻找自我摧残的方式。于是，父母说的那些负面话语，就变成了一种自我实现的预言。好的父母用话语鼓舞孩子，并赋予他们力量。糟糕的父母则用话语伤害和控制孩子。

为什么我们会如此在意父母怎么说我们或者怎么看待我们？因为在孩子的世界里，父母就是中心。如果你那无所不知的父母觉得你做得不好，那这肯定就是事实——我们没有其他观点可以与之比较。我还记得在我的生命里，这给我的内心造成了多么大的困惑，因为父母对我说的事，以及他们所相信的那些关于我的事，与我的经历相比较，显然都不是事实。当然，后来当我最终发现父母在撒谎时，这种困惑变成了愤怒。

而且，不管我们长到多大，父母仍然有权力用言语羞辱我们。当我签下写第一本著作的合同时，我的哥哥告诉我，我的继父知道这件事情的第一反应是："瑞克究竟知不知道该怎么写一本书？"如果我的一个孩子成为有作品出版的作家，我的反应肯定与他截然相反。

在一个有虐待行为的家庭中，青春期是一段尤其会带来麻烦的时期。除了所有的常见问题变得严重之外，女孩身上逐渐成长起来的女性特征，会对一个比较年长女性的美和性构成威胁。她们会被母亲视作竞争对手，并在一切可能的契机下遭受贬低。年轻的男性会威胁到一个男人的权力和男子气概。年长的男性会用嘲笑和羞辱来让一个男孩觉得自己既渺小又无能。这种行为导致许多青少年要么表现出叛逆、反抗的行为，要么变得安静，并因为害怕被羞辱而不敢做任何事情。

语言是有力量的——它们带有含义，它们还会带来后果。研究表明[1]，一个男孩被父亲羞辱，是致使他成长为一个会虐待女性的人的最主要原因。那个关于"棍棒和石头"[2]的古老谚语所说的并不是事实。言语是可以伤人的，有时候，它造成的伤害将会持续终生。

---

[1] *Healing the Angry Brain*, Ronald Potter-Efron, New Harbinger Publications, 2012。——作者注

[2] 棍棒和石头，"sticks and stones"，谚语原为：Sticks and stones may break my bones, but words can never hurt me，直译过来为：棍棒和石头可能会打断我的骨头，但是言语绝不会伤到我。——译者注

身体虐待

我们大多数人时不时都会有想打孩子的冲动——通常是在他们总是让我们感到苦恼，或是公然反抗我们，或不停大哭的时候。谢天谢地，大多数父母都能控制住这种冲动。通常情况下，这一冲动和孩子的行为没有多大关系，更多是与我们的压力、疲惫、不快乐的程度有关。苏珊·福沃德在书中写道："对孩子的身体暴力，通常是对工作压力、与家人或朋友的冲突，或因为生活不尽如人意而产生的日常性紧张而做出的反应。"

> **有虐待行为父母的共同特点**
>
> · 他们极度缺乏对冲动的控制。
> · 当有强烈的负面情绪需要发泄时，他们就会攻击孩子。
> · 他们几乎不会意识到对子女做的一切所造成的后果。
> · 虐待行为几乎是对压力的自然反应。

受伤的人往往会攻击离他们最近的人——可能是因为他们近在咫尺,容易成为攻击的目标。桑德拉·威尔逊博士在她的 *Hurt People Hurt People* 一书中写道:"如果我在今天压制你,支配你,虐待你,那么这么做会暂时麻痹我当下的痛苦,因为我昨天曾被人压制、支配和虐待。很明显,受害者通过支配一个比自己更无力的人,来获得一种内在力量和自我超越的感觉。"①

对这些父母来说,孩子仅仅是弥补自己未得到满足需求的一个"替代品"。

许多对孩子有身体虐待行为的父母在进入成年时,仍然带有严重的情感缺陷和未得到满足的需求。从感情上来说,他们仍然是孩子。他们常常把自己的孩子视作"父母的替代者",以弥补那些未从亲生父母那里得到满足的情感需求。当孩子不能满足他的需求时,施虐者就会变得怒不可遏。他会殴打孩子。在这个时候,孩子会比任何时候都更像是"父母的替代者",因为施虐者其实是在对他们自己的父母大发脾气。

---

① *Hurt People Hurt People*, Sandra D. Wilson, Discovery House Publishers, 2001。——译者注

我觉得任何一个理性、心智健全的人都知道不能殴打或攻击孩子。(我们在此假设，以管教为目的轻微体罚与虐待行为是不同的。我将会在第 7 章针对这一问题做进一步解释。)但是，如果没有一个优秀的心理咨询师的帮助，那些受到过身体暴力伤害的人会发现他们很难克服这些虐待经历带来的影响，并从中疗愈。遗憾的是，如果我们无法获得治愈，我们就可能将同样的行为强加给我们的孩子。

乱伦或性虐待

大约 90% 的性虐待受害儿童认识施虐者。乱伦是孩子与父母之间最残酷的信任背叛，这自然也会在情感上带来灾难性的后果。儿时遭受性侵害是大多数人经历过的最严重的恶行之一。当一个本该保护你的人最终侵犯了你，那将是极具毁灭性的。根据统计，每 3 个女孩中就有 1 个女孩在 18 岁之前遭遇过非自愿的性经历，男孩则是每 6 个中就有 1 个。这个数字可能还会更高，因为据估计，有相当多的人从来没有告诉过其他人他们曾遭受过猥亵。不论怎样，仅仅这些保守的统计就能告诉我们，在美国，大约有6000万人是性虐待的受害者。不夸张地说，无论你到哪里，都会接触到曾遭受过这种命运的人。看看你的周围。假如一个房间里都是女人，她们之中每3个就有1个在童年遭受过性虐待。必须结束这一切。如果这是你所面对的问题，那你可以通过遵循本书所描述的步骤，在你的家族中阻止这种事情的发生。

据估计，近90%的乱伦受害者从来没有将自己的经历告诉过别人。为什么会如此？因为他们害怕破坏这个家庭。"乱伦也许是可怕的，但是一想到要为毁掉这个家而负责，情况似乎更糟了。"

而且，如果受害者从他们的行为中体验到任何快乐，造成的伤害会更加严重，因为他们的羞耻感会更为强烈。性是身体的本能。而且，即便在不同意或被攻击的情况下，生理上的设定也会让人对性行为作出回应（通常是身体自我保护的一种形式）。这让许多受害者觉得，自己要为这一事件承担责任。要明白，当你还是个孩子时，无论是否获得快乐，你都是受害者。在这种情况下，成年人永远都是该为此受到谴责的人。

此外，受害者不告诉别人，还因为乱伦施虐者非常善于操控心理和散布恐惧。他们利用威胁和操纵来让受害者保持沉默。

> **乱伦施虐者使用的威胁**
>
> 如果告诉别人，我就杀了你。
>
> 如果告诉别人，我会杀了你的父母（兄弟姐妹或祖父母）。
>
> 就算告诉别人，也没人会相信你。
>
> 如果告诉别人，你妈妈就会生你的气（或恨你）。
>
> 如果告诉别人，人们会认为你疯了。
>
> 如果告诉别人，我会进监狱，那样就没人支撑这个家了。

那些经历过乱伦的幸存者经常说，他们觉得自己一无是处，很糟糕，很脏，是一个"残破"的人。抑郁是乱伦带来的一种常见后果。成年后，尤其是女人，可能会允许自己变得越来越胖。这样做有两个目的：第一，她觉得这样会让男人远离她；第二，身体的重量会营造出一种权力和力量的错觉。就像许多遭受过虐待的受害者一样，乱伦幸存者经常用毒品和酒精来医治自己的伤痛。

遭受过性虐待的男性需要应对一系列特殊的挑战，因为这触及到了他们的男子气概的核心。男人不应该是脆弱的，也不应该被攻击、支配、强奸或者控制。他们可能会觉得自己缺乏男子气概，或者他们注定会成为一个同性恋者。

男性通常会发现自己在处理和表达情感上有不自在的感觉。在某种程度上，这就是他们成长的方式。任何形式的性虐待都会引发强烈的情绪。下面是男性在这些情况下会有的一些常见情绪：

·丧失自我——他们觉得自己毫无价值，并且经常拿自己和其他男人做比较。

·羞耻感——他们把错误的羞耻感和罪恶感转移到自己身上。

·矛盾情感——他们能理解愤怒的情感，但是无法理解爱。在遭受虐待时，他们感到了恐惧和害怕，但是也被激起了性欲。他们的大脑会说"这是不对的"，但是他们的身体却本能地对刺激作出了反应。

·无能为力——这是男人都不愿想到的一个词。他们相信自己没有发言权——没人会倾听他们。

·不被尊重——他们不觉得别的男人会尊重他们，只会取笑他们。他们永远达不到期望。他们往往为了证明自己的阳刚之气（向自己和世界）而变得滥交。

我们将在第8章详细讨论如何保护你的孩子免受乱伦或性虐待的问题。同时也请理解，乱伦会以非常微妙而有破坏性的方式影响我们。这是另一种可能需要通过频繁的心理咨询才能得到治愈的虐待形式。别再拖延了！拖得时间越长，治疗就会变得越困难。

忽 视

忽视是指父母未能满足一个孩子的基本需求。忽视以多种形式出现，并且是一种父母参与的最常见的虐待类型。饥饿和营养不良，不卫生的环境，危险的生活环境，以及缺少培养和监督，这些都是忽视孩子需求的一部分。吸毒成瘾的人的孩子通常会因为这样或那样的忽视而离开家。

一种尤为不易被人察觉的忽视方式是代理型孟乔森综合征（Munchausen Syndrome by proxy）（也被称为强加于他人的人为性疾病）。这是一种虐待儿童的形式，照料者（通常是母亲）"要么编造症状，要么造成真正的症状，让孩子看起来像是生病了"。用到的手段可能包括：不给孩子食物，这样孩子的体重就不会增加；给孩子服用药物或化学制品，引起呕吐或腹泻；感染静脉导管引起疾病，或者加热温度计来伪装孩子在发烧。这些母亲通常在医疗保健行业工作或工作过，对医疗护理有很多了解。他们表现得对自己的孩子非常上心，并高度参与医疗护理工作，对于孩子的症状描述得非常详细。这个孩子的症状通常由母亲告知医生，但在孩子住院时，症状就会消失，当孩子回家后再次出现。正因为如此，医疗护理的专业人士通常认为这是一位伟大的母亲，因为她对生病的孩子尽心尽力。孩子常常被带去见各种医生，去各种医院，目的是掩盖这种虐待形式。孟乔森综合症对孩子来说往往是致命的。①

忽视不仅仅是没有满足一个孩子生存的基本需求，它还包括缺乏情感抚育。在 19 世纪 50 年代，罗马尼亚一家孤儿院首次发现了一种综合征——"发育停滞"（fail to thrive, FTT），指的是婴儿对食物和住所的基本需求得到了满足，但是从来没被人抱过或被抚触过。这些婴儿因为缺乏人的抚触而开始死亡。之后，许多存活下来的孤儿患上了诸如注意力缺陷多动症（ADHD）、创伤后应激障碍（PTSD）②、躁郁症、情感依附障碍和其他精神方面的疾病。③

忽视也可能包括父母不爱他们的孩子，对孩子不屑一顾，不愿

---

① "Manchusen Syndrome by Proxy", Medline Plus, *US National Library of Medicine*, 2013。——作者注

② 创伤后应激障碍（post-traumatic stress disorder）：指个体经历、目睹或遭遇到一个或多个涉及自身或他人的实际死亡，或受到死亡的威胁，或严重的受伤，或躯体完整性受到威胁后，所导致的个体延迟出现和持续存在的精神障碍，主要症状有：创伤性再体验症状、回避和麻木，以及警觉性增高。——译者注

③ "Romanian Orphans Subjected to Deprivation Must Now Deal with Dysfunction,", Tara Bahrampour, *Washington Post*, 2014。——作者注

对其投入情感，或者只是不理会他们等等。忽视是一种残忍的虐待儿童形式。

酗酒

在我们中间，很多人是在由酗酒导致的混乱和不可预测的环境中成长的，他们会通过尽量保持完美来隐藏自身的困惑、愤怒和羞愧。为了向自己和世界证明，我们或者我们的家庭没有出现任何问题，我们在学校中向着"A"奋力前行，或者在家中极其热衷于保持所有物品干净整齐。我们成为了运动明星、艺术家、企业领导人、慈善家和优秀公民。然而，在内心深处，我们感到被驱使，害怕失败，无法放松或玩耍，感到孤独。

——匿名戒酒者协会

我最早的记忆之一，就是夜里躺在床上，躲在被子底下，我和我的3个弟弟妹妹抱成一团，我在心中祈祷隔壁房间的击打声和尖叫声能够停下来。在我成长过程中，这是家中经常出现的情形。

酗酒者的孩子很快就会发现，他们对于父母来说，更像是一种麻烦，而不是一种幸福。这只是遗留给他们问题的冰山一角。正如苏珊·福沃德所说："酗酒者的成年子女被遗留了一个关于愤怒、抑郁、丧失快乐、多疑、关系恶化和过度的责任感的问题。"

一个酗酒家庭中的持续混乱，经常会导致酗酒者子女在成年后努力营造出控制和平静的表象，并因而促成他们的控制行为与完美主义。作为一个正在恢复中的完美主义者，我仍然在与控制问题作着斗争。成为一个完美主义者意味着你不太喜欢惊喜，甚至是自然而然发生的事情。这会剥夺生活中的很多乐趣。

在酗酒家庭中，矢口否认是经常出现的。它是"房间里的大象"①——总是显而易见，还造成着破坏，但每个人都明显对其视而不见。在酗酒家庭中，你不能相信任何人，也不能相信你所看到或经历的任何事情。在一天里，你说的话或做的事是没问题的，甚至得到了鼓励。到第二天，你就会因为同样的事情而挨打或遭受羞辱。你总是有失去平衡的感觉，就好像你身在巨浪中的一条船上一样。一切总是你的错。这使得酗酒者的

---

① "the elephant in the room"，英国谚语，直译是"房间里的大象"，形容一个明明存在的问题，却被人刻意回避及无视的情形。——译者注

孩子们需要始终保持一切尽在掌控中,以试图控制混乱。

其他形式的矢口否认,是那些说着"你怎么敢叫你爸爸(或妈妈)酒鬼"这样话的成年人强加到孩子身上的。羞辱的手段还包括说"你以为你是谁"或者"是什么让你觉得自己比我们好"这样的话。很快,你就学会了按照家人的期望"生活下去"。或者,如果你选择与众不同,你就有可能被贴上"坏"的标签,遭受很多的批评和辱骂。我在家庭中的角色就是"坏家伙"。因为我常对他们的行为感到尴尬,并且拒绝认同,所以我的父母会抓住任何机会对我冷嘲热讽或怪罪我。

> **"酗酒大秘密"的 3 个要素**
>
> ·即使在非常明确的证据,以及令其他家庭成员感到既可怕又羞辱的行为面前,酗酒者也会对自己酗酒的事实矢口否认。
>
> ·酗酒者的伴侣会否认这一问题,家庭中的其他成员也会这么做。他们通常会给喝酒的人找借口,例如"妈妈喝酒只是为了放松一下""爸爸被地毯绊倒了"或"爸爸丢了工作是因为他的老板太刻薄"。
>
> ·"正常家庭"的假象,一个家庭向家庭成员以及世界所呈现的虚假表象。

我母亲的行为所包含的范围是从"让人腻烦的爱"到"极其残酷无情",这主要取决于她的心情和喝了多少酒。我曾不断地尝试去猜测如何才能得到她的认可,或者至少是博取她的好感。不幸的是,这是徒劳的,因为"地板"一直在移动——同样的行为可能在前一天能取悦她,而第二天则可能会激怒她。来自酗酒家庭的人很快就会变得害怕尝试新事物或冒险,而这些却是在生活中取得成功所必需的。即使你取得成功,酗酒的父母也会打击你,他们会说"你没那么了不起""你是该做一些正确的事情了"或者"这些事其他人也能做到"。

"'正常家庭的假象'对一个孩子来说是尤其有害的,因为这迫使他否认自己的感觉和观点的正确性。对于一个孩子来说,如果他一直对自己的想法和感受撒谎,那他显然不能培养出健康的自信心。"维持这个假象需要花费大量的精力,因为孩子必须时刻保持警惕,一直生活在担心会无意中"泄漏秘密"和背叛家庭的恐惧之中。我记得我在小时候总是感觉很疲惫,但从来都不知道原因。现在我明白了。

在一个酗酒家庭中,你能做的最糟糕的事情莫过于告诉外人,某人在家里是个酒鬼。当我写作我的第一本书 *That's My Son*[1] 时，我稍微提及了我成长在一个酗酒家庭中。我没有说名字，也没有说明细节，只是顺便提了一下。我的母亲看到了那本书（或者至少看到了那句话），她被激怒了。我怎么敢和世界撒那样一个谎！在之后的10年里，她又不和我说话了，直到她在生命最后阶段生病需要我的时候。

精神疾病

在美国，大约每25个人中就有一个是反社会者，这意味着他们毫无道德可言。[2] 我的兄弟姐妹们认为我的继父就是个毫无道德的人。从他的许多行为看来，可能确实如此。

我的母亲在童年时期可能是一名乱伦的受害者。她从来没有处理过那次经历所留下的创伤。虽然从未被诊断过，但我相信她可能

---

[1] 中文版《写给妈妈看的男孩教育书》，由金城出版社于2013年8月翻译出版。——译者注

[2] *The Sociopath Next Door*, Martha Stout, Broadway Books/ Random House, 2005。——作者注

有以下全部或部分心理问题：双相障碍①、边缘型人格障碍②、严重的慢性抑郁症、焦虑症和创伤后应激障碍（PTSD）。生命快结束的那段时期，在临终关怀医院，她服用了抗抑郁药，突然间变成了一个完全不同的人。她很冷静和理性，她的幽默感不再是嘲讽和挖苦。和她待在一起的时候可以说是非常有趣。如果她在一生中不是进行自我治疗，而是寻求帮助，那她会过上什么样的生活？如果她身心健康，并且喜欢自己，她会抚养出什么样的孩子？这些问题永远得不到回答，但却值得我们思考。

我们完全可以做出假设：如果你在童年时期遭受过创伤或虐待，你就会患上创伤后应激障碍。我们要了解这种精神疾病是什么、它的表现是什么、它会产生怎样的影响，这是很重要的，因为它不仅会影响我们，还会影响到爱我们的人。创伤后应激障碍不仅对退伍军人产生影响，它还会影响：童年遭受过身体、性或情感虐待的人；遭遇过强奸、家庭暴力、堕胎、所爱的人因外伤致死（谋杀、自杀等）的人；或者甚至是曾和创伤后应激障碍的患者在一起生活过的人。创伤后应激障碍的症状包括：幻觉重现、梦魇、孤

---

① 双相障碍（bipolar disorder）：属于心境障碍的一种类型，指既有躁狂发作又有抑郁发作的一类疾病。——译者注

② 边缘性人格障碍（borderline personality disorder）：较为常见的人格障碍，主要以情绪、人际关系、自我形象、行为的不稳定，并且伴随多种冲动行为为特征，是一种复杂又严重的精神障碍。——译者注

僻、情感麻木、抑郁、愤怒、重度焦虑、自责、自我否定，以及产生自杀的念头。患有创伤后应激障碍的人会出现以下特征：迷恋工作、过度承诺、饮食失调、强迫性习惯、童年记忆受损、完美主义或殉道者综合征。

我在多年前听到关于创伤后应激障碍的其中一个症状是警觉过度。我的心理咨询师问我，在一个剧院式的环境中，我是否总是坐在过道旁的座位上（过道通常通向房间的后面），或者如果在餐厅，我是否也总坐在背靠墙的位置？我是否总是注意出口在哪里，以及我周围发生了什么事？对于这些问题，我的回答是：是的，总是这样。显然，从这些症状以及许多其他症状看来，我因为童年的暴力和虐待而患上了创伤后应激障碍。虽然我已经好起来了，并且现在还会拿我坐在最后座位上的强迫症开玩笑，但我还是觉得坐在中间的座位上不舒服。

这就是当我们患上创伤后应激障碍后，我们的身体会发生的情况。当发生威胁时，我们的大脑会向肾上腺发送一条信息，肾上腺会产生两种化学物质——肾上腺素（让我们逃跑）或去甲肾上腺素（让我们战斗）。我们的身体进入高度紧张状态，我们会做出逃跑或战斗的反应。战斗反应引起愤怒、生气、极度活跃、不耐烦，或者甚至是虐待的行为。逃跑反应则表现为沮丧、孤僻、低自卑或低自我价值感、抑郁，或产生自杀念头。这就是问题所在：大脑无法区分真正的威胁和想象的威胁。因此，这意味着，如果你在过去经历过一次造成创伤的事件，而今天发生的事情让你想起了这一事件（甚至只是声音或气味这样简单的因素），即使没有真正的威胁，它还是能触动你大脑的扳机，命令肾上腺开始行动。战斗或逃跑的冲动可能非常强烈，而且如果你不知道发生了什么，当荷尔蒙充斥你的身体时，你就会做出不合理或不恰当的反应。一位男士告诉我，他曾遇到过一位老绅士，他头发上润发油的味道，触发了他几乎无法抗拒的想要逃跑的强烈反应，因为这让他想起了他的施虐者。直到今天，润发油的味道仍然让他恶心得要命。

如果你有上述的任何一种症状，我鼓励你去寻求心理健康专家的建议。创伤后应激障碍不是闹着玩的事情，也不是你能用自己的意志力去控制的事情。

现在，让我们来看看过去遭受的虐待是如何影响我们以及我们对孩子的养育。

第 2 章
过去的经历如何影响我们对孩子的养育

  他们中的许多人并不了解,为什么他们的生活无法正常运转。还有很多人会感到自己的自尊受到伤害,因为他们的父母经常打他们,批评他们,或是"开玩笑"说他们是多么笨、丑陋、不受欢迎。还有一些人因负罪感、性虐待或被迫承担过多责任而感到不堪重负。

——苏珊·福沃德

为什么有些成长背景不好的人成为了过着自我摧残式生活的受害者，而另外一些有相似背景的人却过着健康、快乐、富有成效的生活呢？这个问题的答案是"掌控"。我们每个人都有自由的意志。我们可以做出决定，是让过去掌控我们，还是不管过去有多么痛苦，我们都要自己掌控生活。毫不夸张地说，我们能决定自己的生活是快乐还是痛苦。

我还记得当还是个孩子的时候，曾向自己许下诺言：绝不要像我的父母那样。我不要像他们那样生活，也绝不会成为一个酗酒者，并且我会拥有"美好"的生活。我妻子来自一个非常暴力的，有精神虐待、身体虐待、忽视、遗弃和性虐待的家庭，而且，她的家族还有"世代贫苦"和"单身母亲"的传统。从统计数据来看，她应该会成为重演童年时在她身上形成的代际循环（离婚、药物依赖和乱交）的那种人。一天，我问她是怎样避开那些雷区，成为了这样一个健康快乐又充满爱心的人的，她只是回答道："我就是做了一个决定：不以那样的方式过我的生活。"

这就意味着，要做出一个有意识的决定，不要把注意力都放在那些让你痛苦的过往和创伤上。它意味着要向前看，而不是向后看，也意味着我们要享受今天所拥有的美好事物，而不是让过去毁掉这一切。感恩我们所拥有的，而不是感恩我们所失去的。最后，这也意味着，我们要去做那些需要做的事情，以便能从这些创伤中痊愈。

我们要记住的一件事情是，当我们是孩子时，我们在遭遇不好的事情时可能是无能为力的。但是当我们是成年人时，我们不再是无能为力了。实际上，我们现在比施虐者更加强大。我们现在掌控一切。当然，如果真有这么容易，每个人都会这么做。

让我们来看看一个"中毒的"童年会对我们产生什么影响，这样一来，我们就能逐渐明白该如何克服它，并继而掌控我们的生活。

后　果

童年时期遭受的虐待会对我们的大脑产生怎样的影响？首先，我们会把错误的羞耻和内疚转嫁在自己身上。我们为什么要为遭受的虐待而责备自己，却不是把责任推给应该为此负责的人呢？

由"有毒"的父母抚养长大的人有着惊人的相似症状：自尊受到伤害，进而导致自毁行为。几乎所有人都会觉得自己毫无价值，不值得被爱，以及能力不足。有意或者无意地，几乎所有的孩子都会因为父母的虐待而责备自己。"对于一个无法保护自己、需要依赖他人的孩子来说，因为自己做了'坏'事并引得爸爸发火而感到内疚，要比让他去接受爸爸——那个保护他的人——不值得信任这一可怕事实，要更容易一些。"对孩子来说，虐待是否产生影响的唯一决定因素，就是他是否认为自己要为父母的行为负责。

许多受过严重创伤的人还会经历离解。离解和"离开你的身体"的描述很相似，一个在线医学网站将其定义为：一种能被感知到的，精神与情绪状态或者甚至是身体的分离。离解的特征是对世界产生一种梦幻般的、不真实的感觉，并且很可能伴有对特定事件出现记忆模糊的情况。[1] 它还被怀疑是一种应对或防御机制——主要是针对那些太过痛苦而让人无法处理的问题。

离解有下面几种表现形式：

---

[1] "Definition of Dissociation," Medicinenet. com, 2012。——作者著

- 人格解体：分离或灵魂出窍的体验
- 现实感丧失：感觉"世界是不真实的，生活就像一场电影"
- 离解失忆症：无法回忆重要的个人信息或事件
- 身份混淆和身份变更：对一个人是谁感到困惑或是变换他们的身份①

焦虑、创伤后应激障碍、自卑、躯体化障碍、抑郁、慢性疼痛、人际关系障碍和滥用药物，以及自我伤害和自杀行为，都是困扰来自"有毒"家庭的人们的潜在表现。

在第1章中，我们讨论了一项对有过不良童年经历（ACE）的人们所做的研究。不良童年经历对人产生的影响是逐渐累积的，带来的后果非常严重。对于有过4种或4种以上不良童年经历的孩子来说，后果包括：

- 企图自杀的可能性是常人的12倍

---

① "Dissociation FAQ's", International Society for the Study of Trauma and Dissociation。——作者著

・使用毒品的可能性是常人的 10 倍

・纵酒的可能性是常人的 7 倍

・患有慢性阻塞性肺病（因为抽烟等原因）的可能性是常人的 2.6 倍

・患有心脏病、性传播疾病和早逝的几率较高，并且几率会随着一个人经历不良童年经历种类数目的增多而增加

一个人在孩童时期经历的不良童年经历的种数，会以令人惊讶的精确度决定他在成年后需要医治的次数。例如，有过 4 种或 4 种以上不良童年经历的人，确诊为癌症的可能性是没有经历过不良童年经历的人的 2 倍，患有抑郁症的可能性是 4.6 倍。有过 6 种或 6 种以上不良童年经历的人的寿命会缩短近 20 年。[1]

如果我们想要改变我们的命运，那这些就是需要我们注意的非常重要的后果。虽然这些数字看起来令人沮丧，但治愈我们的内心创伤有助于将这些后果降低到正常范围。并且，你的过去也不会再决定你的未来。

---

[1] "7 Ways Childhood Adversity Can Change Your Brain", Donna Jackson Nakazawa, *Psychology Today*, 2015。——作者注

模 式

遭受过虐待的孩子会将关于自己和他人的负面信息深深地内化吸收。这些信息的存在会一直持续到成年时期，并影响着他们对自己的感觉。也许最根本的是，这会损害他们建立亲密关系的能力。"信任"在孩子们的世界中处于最核心的位置，但是虐待亵渎了这一"信任"，还限制了他们建立亲密关系的能力，并将他们引入到一种混乱的生活方式中。由于童年遭受的虐待问题没有得到解决，许多幸存者的生活表现出了"频繁出现危机"的特征，如工作失利、人际关系失败、经济上遭遇挫折等。出现这一状况的原因可能是，个人经历的内在混乱使他们无法在生活中建立可预测性、规律性和一致性。

即便如此，拥有一种充实、积极的生活仍是有可能实现的。甚至还能更好——在你的生活中享受完整感和满足感，在你和他人的交往中享受到真正的爱和信任。走向康复所要迈出的第一步，是认识到你之前所受的虐待与你现在行为模式之间的联系。①

曾经遭受过虐待的人往往会以非黑即白的方式看待世界，而且还带着极端的想法。这会造成一种"总是"或"从不"的心态，对他人持怀疑态度。举个例子，一个遭受过虐待的孩子可能会这样想：爸爸虐待了我。爸爸是一个男人。那么男人不值得信任。或是在夫妻关系中，一位妻子可能会这样想：他冲我发火了，所以他不爱我了。之后，他们会在生活的各种情形中都带有这种心态，即使他们对此没有明确的意识。

受到过虐待的人往往会成为讨好他人的人。他们很早就学会了如何预测施虐者的情绪反应。取悦施虐者是减少或限制施虐次数的一种方法。他们经常带着一种极大的耻辱或内疚感。这也导致了在这一群体中抑郁症的高发病率。幸存者往往还会用到他们在童年所学到的应对策略，比如否认或极少提及他们遭受过虐待。

虐待还会使受害者"上瘾"，使他们沉溺于毒品、食物、赌博或购物等形式的自我治疗。其他的虐待形式可能包括孩子在出生时患有胎儿酒精综合征（FAS），或是冰毒婴儿在日后生活

---

① "Impact of Child Abuse", Blue Knot Foundation。——作者注

中将会面临重大挑战。最后，被收养或在寄养家庭中长大的孩子会经常面临诸如依恋障碍这样的挑战，这使得他们很难与他人建立联系，也很难控制自己的情绪。

行 为

你是否曾感到好奇，为什么人们会被童年时逃离的混乱和破坏性环境所吸引？你可能会注意到，如果你把在混乱的环境中成长的人放在平静的环境中，他们最终会制造混乱。这是因为他们在一个不习惯的环境中会感到不舒服。大脑在面对压力和混乱时，会释放出某些化学物质和激素（皮质醇、肾上腺素、多巴胺和去甲肾上腺素），来帮助身体应对和适应环境。很快，身体就会开始习惯这些高浓度的化学物质。之后，当大脑发现自己处于平静的环境时，就会减缓这些化学物质的产生，身体就会出现类似"戒断"的症状，给身体带来不适。当重新回到混乱的环境中时，化学物质的浓度会再次升高，而身体会平静下来——非常像有些人吸毒的状态。我们每个人都会在生活中寻找熟悉的模式，哪怕那些模式是痛苦的或是有破坏性的。这些熟悉的模式为我们的生活带来舒适和程式，因为这正是我们所习惯的。处在一个熟悉的环境中，意味着我们知道规则是什么，以及接下来将发生什么。

我们越是感到羞愧，就越有可能认为，痛苦的爱总比完全没有爱要好一些。为什么一个女人（或一个男人）会继续回到一个虐待她的配偶身边，或者寻找其他虐待她的男人？这是因为我们成长的环境就是这样，这是熟悉的环境。比起不熟悉的环境来说，我们更能适应这样熟悉的环境。此外，遭受过虐待的人会开始相信，他们应该被这样对待。这是"他们是谁"的一部分——是他们身份认同的一部分。如果让他们选择，很多受过伤的人无法相信，他们真正应该得到的是带有爱意和崇拜的对待。

打破代际循环

代际循环是指孩子所模化的行为，会由一代传至下一代（通常会延续好几代）。年轻的一代在成长过程中，会模仿由他们的父母或重要看护人所示范的行为。当父母将家庭引入歧途时，其影响往往会波及几代人。常见的代际循环行为包括酗酒、吸毒、遗弃、家庭暴力、虐待或离婚。当这几类行为在家庭中普遍存在时，至少会有一个或多个孩子在长大后也参与进来。这其中，部分原因可能是遗传（我们将在第 7 章中讨论），但通常更多是"上行下效"。

我在工作中会接触很多童年时被父亲遗弃的男人。尽管他们坚定地宣称他们永远不会遗弃自己的孩子，但不管怎样，他们通常最终还是会陷入这样的境地。我也在那些母亲和祖母都是单身母亲的女性身上看到了这一点。尽管她们的意图非常好，但她们往往还是会跟着已经在她们身上烙印的那些"脚步"前行。我还和监狱里服刑的男人一起做了很多工作。他们中的很多人告诉我：他们的父亲和祖父也在监狱里待过。他们从未想过要进监狱，但他们被"设定"了会做出引导他们走上这条道路的选择。如果父亲入狱，那他的儿子最终入狱的可能性，是那些父亲没有入狱的男孩的 7 倍。

代际循环很难改变，但还是有可能改变的。那些在成长过程中没有人向其示范充满爱和关怀的养育行为的人，并不是注定会把这种缺憾传承给他们的孩子。仅仅因为我们没有（或仍然无法）从我们的父母那里得到爱和养育，并不意味着我们不能将其给予我们的孩子。当我们的"情感账户"快被清空，没有补充就被抽干的时候，做到这一点是很困难的。我们的痛苦和需求促使我们以自己不喜欢并且经常是无法控制的方式行事。打破代际循环需要我们做到两件事：第一，对发生的事情有越来越清楚的认识；第二，在生活中寻找能够向我们示范并教我们什么才是健康关系的导师。从童年遭受的虐待，到它给我们大脑和身体带来的伤害，再到它在我们成年时期造成的影响，深入了解这其间发生的过程，是我们治愈这些创伤的第一步。但只做到了解还是远远不够的。你需要在指导（可能是专业的帮助）下去获得顿悟并学习应对机制。你还需要身边有善良健康的人告诉你并教你，好的婚姻生活和好的养育是什么样的。这将需要坚定的决心和意志——那些打破代际循环的人们都应得到赞扬，因为这需要极大的勇气和极强的毅力。

我们还要记住的一件事情是，有时候我们一心想着去努力做出改变，去做"对"的事，却忘了最重要的那件事——爱我们的孩子。这才是他们真正需要的，爱能包容很多错误。去爱他们吧。

贫穷的弊端

那些在大萧条时期长大的运动员们就是那样打球的,贫穷在撕扯他们的小腿。

——罗杰·卡恩

贫穷可以成为一种虐待形式。毫无疑问,它打造着我们看待世界和与之互动的方式。如果你在贫穷的环境中长大,你就无法依靠自己的力量进行改变。你周围的环境以及它所传递的情感暗示,伴随潜意识的文化影响,会压倒你有意识的企图,并致使你做出一些仍然保持原先社会经济水平的决定。

贫穷环境下的孩子面临学习成绩差、辍学、虐待和忽视、身体健康问题以及发育迟缓等情况的可能性会更大。心理方面的问题可能包括:易冲动、难以与同龄人相处、攻击行为、多动症、行为障碍等。他们出现焦虑、抑郁或是自卑的可能性也更大。身体健康问题包括:出生时体重偏低;营养不良;患有慢性疾病，如哮喘和肺炎；做出危险行为，如吸烟和早期性活动；接触暴力。在贫穷环境下的父母会承受长期的压力、抑郁和婚姻的困扰，并表现出更严厉的养育行为。①

所以，如果我们在贫穷的环境中长大，并且想改变我们的社会经济地位，从而不让我们的孩子受此影响，那么我们需要记住什么呢？首先，你的家人可能会鄙视你，因为你试图摆脱贫穷——他们会认为你比他们"更好"。如果你获得成功，他们也不会为你感到骄傲，不论最后事实证明他们有多么糟糕。实际上，他们可能在某种程度上会憎恨你。要知道，你可能不得不断绝与你现在的许多朋友和家人的关系。尽管这很困难，但对你和你家庭的未来来说，积极的改变都是值得的。

其次，要明白，为了在生活中获得成功，需要打破一些贫穷的"潜规则"。通常，只有在这一阶层中的某个人向你解释这些潜规则的时候，你才会发现它们。举个例子，在一直很贫苦的家庭中，孩子被看作是"财产"。教育通常是人们所惧怕的，因为孩子接受教育后会离开父母，这会导致你失去"财产"。或者，你可能会对教育表示怀疑，因为你认为教育不会对每个人

---

① "Effects of Poverty, Hunger, and Homelessness on Children and Youth", *American Psychological Association*。——作者注

的生活都产生影响——至少不会对你的生活产生影响（即使教育是逃离贫穷的基本要求之一）。并且，在贫穷的情况下，体罚也是完全可以接受的。

态度和理念的差异在贫穷阶层中更为普遍。这种差异可能会导致一些行为，诸如粗俗的语言或幽默（不恰当的或者下流的笑话），对权威感到不满（因为感觉自己被怠慢而埋怨老板），用暴力解决问题（维护你妻子的名誉，即使这并没有受到真正的质疑），或者目光短浅促使自己花光了所有的钱并因而无法支付账单（周五消费，周一破产）。这会导致其他人对你的接受程度降低，通常还会让我们无法在生活中取得进步。

当然，你的穿着、行为和举止，也会揭示出很多关于你所在经济阶层的事情。我亲身经历的一个故事就很好地阐明了这一观点：

在一次会议上，我发言结束后，一位女士走过来对我说："我喜欢你的演讲和说话风格。你让我想起一个受过教育的工人。"我必须承认，我不知道这是恭维还是批评。经过思考后，我意识到，她之所以会有这样的印象，是因为我的样子就是如此。我是在一个较下层的中产阶级家庭、蓝领社区长大的。我的父母都来自威斯康辛州的农场。尽管我有研究生学位，但我仍有工人的血统。

那句评价让我思考，我们是如何成长，以及我们实际上能从童年早期设定的程式中改变多少。例如，我已经远远超越了我成长过程中所处的社会经济地位——我受过大学教育，创办了几个成功的企业，还是一名出过书的作家，并且与各行业的人交流得都很好。但是，关于我（以及我内心中）的一些事都向那位女士表明了，我有什么样的背景以及——本质上——我曾经是谁。我们的根在我们的身体中发展出一种性格或品格，无论我们如何尝试改变，我们的传承仍然存在。它体现在我们的仪表、行为、态度，以及我们做出怎样的举止动作，甚至是我们说话方式和步态中。它体现在我们的言语和沟通风格中——我们的口音、语调，我们对某些词的强调和使用的俗语。它体现在我们所穿的衣物、怎样穿戴衣物，我们的穿衣风格或气质上，还有我们对"我们在这个世界上的归属"的信念或态度上。

在心理上，它体现了我们对自己的感觉（我们的自尊）和我们如何看待自己（我们的自我形象）。尽管我有多年的咨询、培训、教育和刻意的成长经历，但我身上仍然有蓝领工人的本质。

你可能会注意到，人们总是可以分辨出谁是和他们来自不同背景的人（很容易区分谁在波士顿富人区长大，谁在阿拉巴马州伯明翰穷人区长大）。那些获得哈佛大学或普林斯顿大学奖学金的贫苦孩子，很明显是有些格格不入的，并且永远无法真正融入其中。甚至中产阶级的孩子来到穷人区，也会很引人注目。尽管我们试图隐藏我们的过去，但它仍然盘旋在我们的上空，就像墓地里的阴影。通常情况下，我们穿什么衣服，或者我们受过多少教育，都是无关紧要的。即使我和意大利那些游手好闲的人一样，穿着昂贵的西装，戴着昂贵的手表，在处身大公司董事环境中时，我仍不会像某些人那样对此感到舒适自在，而他们在成长过程中一直有着这样的期望并接受着相应培训。我的举止、态度和语言会让我暴露（尽管我已经学会了一种让人们认为我比实际要聪明的方法，那就是闭上嘴）。

我妻子也来自一个生活非常艰苦的家庭。即使是穿着设计师定制礼服，戴着钻石耳环，她也很难适应高雅的社交聚会，因为她不了解来自那种背景的人们的语言、习惯、习俗，以及社交礼仪上的细微差别，自然也没有那种随之而来的自信（尽管我妻子比我时髦得多，也许能够应付那种场合）。我要说的是，尽管她和来自那种背景下的女人一样聪慧、优雅，但她可能永远都不会被误认为是一个在进入布林茅尔学院、拉德克利夫学院或瓦萨学院①之前,受到过"初次进入社交界年轻女子"培训并上过女子精修学校的人。②

所有的这些都是为了告诉你,你可以通过教育和努力跨越经济阶层。我和我的妻子从贫穷跨入到中产阶层,我的亲友也从中产阶层进入到了富豪阶层。美国可能是地球上唯一一个不会让你的过去支配你的未来的国家。做出跨越吧。你的孩子将会因为不再在贫苦环境中长大而极大受益,并获得很大的好处。

创伤如何改变大脑

童年早期遭受的创伤会以多种方式改变大脑。这些改变会持续一生,并导致成年人出现抑郁、焦虑、滥用药物和精神疾

---

① 布林茅尔学院、拉德克利夫学院、瓦萨学院曾是美国三所著名的女子高等学府。——译者注

② *Romancing Your Better Half*, Rick I. Johnson, Revell, 2015。——作者注

病。许多遭受创伤的幸存者都有很强的恢复力,但还是要与这些日复一日出现的问题作斗争。童年遭受的虐待扰乱大脑活动的一种方式,是降低大脑处理压力的能力。在面临压力时,身体会释放诸如皮质醇这样的激素。在短暂释放之后,身体就会将这种释放关闭。然而,在遭受严重的虐待时,大脑关闭这种应激反应的能力会被削弱。当出现这种情况时,皮质醇会留在大脑中,这会导致不好的事情发生。高浓度的皮质醇会造成情绪变化、扰乱睡眠、加重焦虑,并因此导致易怒。这还会造成抑郁、创伤后应激障碍以及其他精神疾病,这会影响受害者在工作中的表现,以及他们的婚姻和亲子关系,并进而造成更加严重的滥用药物情形。①

因此,通常情况下,这些问题的受害者自身成为施虐者的风险要比预期的更高一些。我们童年的创伤在我们成年后会引起反射性反应。我们会重复在童年时所形成的那些令人厌恶的机制,以试图修复童年时那些深深的伤痛和渴望。但要保持希望!正如你即将在后面章节中看到的那样,不管你的过去如何,你都有可能获得疗愈,并过上一种健康、快乐和富有成效的生

---

① "The Lasting Damage of Child Abuse", Scott Mendelson, *HuffPost Healthy Living*, 2013。——作者注

活。

有时候，童年时遭受虐待的人会成为"职业"的受害者，并且变得愤怒、痛苦、有自毁倾向或是情绪低落。作家兼电台主持人劳拉·施莱辛格博士在谈到这样的人时说道："（他们）总是不快乐，对别人的要求高得难以置信，总是因为自卑而变得爱吹毛求疵，并且尤为看重自己应得的权利，还喜欢传播负能量。"

我们是受害者，这也给"我们的生活怎么会变成这样"找到了一个借口。受害者往往因为他们的不良行为而受到奖励。很多时候出现这种情况，是因为他们身边围绕着那些愿意忍受他们并迎合他们愿望的人。坦白地说，没人会对遭遇过不幸的人抱太高期望。期望那些在情感上伤害了自己和他人的人能有"责任感"和"责任心"似乎太残忍了。而且，我们在生命的早期阶段就学会了"生病是能带来回报的"。胃痛的孩子可以不用上学，不用做家务，并且还能获得额外关注。

不要成为一个"职业"的受害者。是的，过去你的运气不好，但正如你即将看到的，情况可能会有所好转。你的丈夫或妻子，还有你的孩子们都在指望着你。

第 3 章
治愈我们的创伤

童年遭受的虐待给人留下的最糟糕影响,是对如何过上正常、平衡、健康的成年生活一无所知!

——劳拉·施莱辛格

好，现在你已经对发生在孩子身上（也包括你自己身上）所有不好的事情有了更多的了解，接下来，我们要在这本书中讨论如何积极地改变生活。

最近，我在广播上听了神经心理学家马里奥·马丁内斯博士的一档谈话节目。马丁内斯博士提到，所有的创伤可以划分为三类：羞辱（这会带来身体发热的感受），遗弃（发冷的感受）和背叛（感到身体发热或者愤怒）。他说，羞辱是通过体验"荣誉"得到治愈，遗弃是通过体验"承诺"得到治愈，而背叛则是通过体验"忠诚"来得到治愈。如果事实如此，那么了解我们的伤害，可以告诉我们如何帮助自己治愈这些创伤，或者至少是能更有效地应对这些创伤。

为了成为你想成为的那种父母，也就是你的孩子应该拥有的那种父母，你首先要做的是处理过去的问题。研究表明，当父母解决了他们的创伤问题时，他们的孩子也会做得很好。这需要付出持续的会贯穿一生的努力。这是一场旅行，而不是一个可以很快到达的终点。你永远不会完全"治愈"。但好消息是，现在开始还不算晚，而且情况确实会变得更好——要好很多！在这一点上，你要相信我。

这一过程包括从童年的创伤中恢复，以及了解做一个健康的父母意味着什么。童年的老问题总是在面临压力时浮出水面。我认识的很多人，他们都擅长把所有事情堆到一起，直到生活的挑战悄然降临，把他们身后依靠的"壁垒"一脚踢开。有了孩子之后，这些老问题借此机会再次抬头。这是因为，一旦你有了自己的孩子，你就无法回避这些问题。并且如果你没有从这些问题中疗愈，那么你会慢慢开始以非常奇怪的，通常是模仿父母的方式行事，随后，你会开始感到内疚，这会让问题变得更加恶化。再加上生活中会带来压力的其他事情，例如婚姻问题、工作问题、财务上的挑战、亲人去世等等，你会突然发现自己被压垮了，甚至不知道原因。

每个人都有童年的创伤，有些是轻微的，几乎看不出来，另一些则可以影响一个人的一生。关于"受伤"，我在之前出版的一本书中这样写道：

我们内心和灵魂所受的创伤，要么会削弱我们的意志，要么会激励我们去完成人生中的大事。毫无疑问，这些创伤是我们在人际交往中建立亲密关系时的最大障碍之一。它们决定了我们在听到别人话语时的反应方式，以及我们在生活中对待他人的方式。那些没有得到处理的伤口会在我们体内溃烂，直到它们最终把毒液喷射到我们所爱和关心的人身上。那些得到治愈的创伤，却能成为了不起的灵感和智慧的源泉。

如果我们的创伤得不到治愈，它就会控制我们的生活。这会让我们陷入困境，使我们在遭遇"有毒的"关系和其他不健康的经历时容易受到伤害。此外，我们的伤口还会成为我们的"崇拜物"。有些人抓着自己的创伤不放，偶尔还会把它们拿出来，用手指触摸，而这么做的目的只是为了感受疼痛。他们把创伤当作是一个让他们感到舒服的老朋友。我们不需要对我们小时候遭受的一切负责，但我们绝对要对我们当下的应对方式负责。

除此之外，我们是如此渴望得到父母的认可，以至于我们一次又一次地返回到那眼有毒的泉水旁，孤注一掷地期望有一天，我们的灵魂能得到真正需要的那股清泉的洗涤。可它仍然是苦涩的，当它进入我们内心深处时，也在灼烧着我们的嘴和喉咙。有时，我们必须意识到，那些本应无条件地爱我们的人，因为各种原因无法做到这一点。尽管这可能不大公平，但我们永远不会听到我们需要的话语，也不会从他们那里得到我们应得的爱和呵护。在这一点上，我们必须降低我们的期望，这样我们就不会在每次伸出手、希望得到不同的结果时继续受到伤害。我们必须从其他地方寻找爱和支持。

治愈我们的创伤，改变我们的生活，其中的挑战在于，仅有意志力是不够的。我们过去的经历深深地植根在我们的潜意识中，而我们每次在压力之下做出的仓促决定，又是直接来自于我们的潜意识。意志力需要的是有意识的行为。

不幸的是，无意识的大脑比有意识的大脑强大得多，其处理能力是有意识大脑的 20 多万倍。[1] 根据我的经验，"重新设定"我们的潜意识和改变我们后天习得的行为，需要花费时间，以及付出巨大的努力。我们可以先从了解一个有虐待行为家庭的动态以及它是怎样影响我们的生活作为开始。

了解我们的家庭动态

要改变我们的未来，重要的是要了解我们的过去。通过识别自己成长过程中所处家庭的动态，我们可以在我们的新家庭

---

[1] *Social Animal*，Brooks，中文版《社会动物》由中信出版社于 2012 年翻译出版。——译者注

中改变这些动态——或者至少寻找调整方法以便让它们更加健康一些。我们中的许多人面临的挑战是，我们可能离开家很多年，一旦我们回到家，我们就会在不知不觉中重回童年的人物角色。

医学博士罗伯塔·M.吉尔伯特在她的 *The Eight Concepts of the Bowen Theory* 一书中，描述了穆雷·鲍恩博士的家庭系统理论。这一理论认为，优越的人生历程是基于理性思维，而不是那些转瞬即逝的感觉。这一理论的基础是以家庭作为一个情感单元，而不是构成这一单元的个体。该理论是立足在观测数据的基础之上，而不是个人对自己或他人的想法、感受或言论。家庭情感系统的运作方式，是它作为一个单元来对每一位家庭成员产生影响。

在核心家庭情感系统中，两人在结婚后，会制定一些处理问题的策略（有些是健康的，有些不是）。这些策略会传递给他们的孩子——通常是以焦虑的形式，而焦虑很容易在群体中相互传染。焦虑有两种类型：急性焦虑和慢性焦虑。急性焦虑每天都会发作，主要是在我们因某件事而感到压力时——例如，我们在工作中受到批评，或者在高速公路上被人插队。慢性焦虑是存在于我们的出身背景中，在幼年时就被"编写进"我们体内的一种焦虑。①

我们都带着一定程度的慢性焦虑,这源自于我们的家庭,这种焦虑会在我们的身体中产生一种习惯水平程度的激素,比如肾上腺素和皮质醇。来自极度功能失调家庭的人会带来大量的焦虑和压力(伴随而来的还有高水平程度的激素)。结婚后,我们的新家庭会产生出不同类型的焦虑,这会导致不同激素的释放,造成"串联"效应,并激发出成百上千种的化学反应。焦虑是可以叠加的,这也就意味着,每一种情形都会在我们平常已有的焦虑上增加新的焦虑。这些新的焦虑会带来一些有害的副作用,包括体重增加、易感染疾病、溃疡,还有可能对大脑造成老化影响(痴呆症)。当带有高水平程度的"出身"焦虑的人们,在经历外部环境中诸如生意上的挫折、国税局审计,或者甚至正常的生活变化时,他们的焦虑都会上升到比正常水平要高得多的程度,而且他们对所有情况做出的反应往往都带有更高的焦虑程度。因为家庭是一个整体,当一个成员感到压力时,每个人都会感到焦虑。甚至试图解决焦虑这件事情本身也会产生焦虑。

---

① *The Eight Concepts of the Bowen Theory*, Roberta M. Gilbert, Leading Systems Press, 2004。——作者注

差异化

差异化是心理学家用来描述家庭成员个性化程度的一个术语。每位成员的差异化程度，取决于他们融入家庭关系中的情况。来自功能失调家庭的人差异化程度都较低，这意味着他们彼此之间是紧密地融合在一起的，因此很容易受到对方压力水平的影响。差异化程度较低的人易受压力影响，并且需要更长的时间才能从压力中恢复。他们生活在一个"以感受为基础"的世界里，"感受"要重于"客观理性"。对他们而言，感受即是"真理"，而不去管所谓的客观事实。在融合度更高的关系中（差异化程度极低），焦虑更容易在人们之间传播。这会导致人们在面对压力情形时，做出情绪化的反应。在做决定或应对问题时，他们可能会基于人际关系，而不是基于事实或逻辑推理，对行动方针持同意或不同意的态度。这也被称为"集体思维"。在功能失调的家庭中，这可能表现为"正常"家庭综合征，即家庭的每个成员都被要求对外界保持正常家庭的表象，尽管事实并非如此。

　　差异化程度较高的人在人际关系中的融合程度较低，因此，他们往往拥有更好的、压力较小的人际关系。在婚姻关系中，差异化是一个过程，在这一过程中，夫妻双方保持着健康的自我认同，同时与另一方发展一段亲密、相爱、融合的关系。这是一项即使在与他人产生亲密的情感关系时，也能保持自我意识的能力。这会帮助我们，不让我们的创伤和负担妨碍我们与伴侣培养更深的关系和更激情的性爱生活。但是，它也会防止我们以牺牲自己的幸福为代价去满足配偶的需要。差异化会在一段关系中培养出温柔、宽容和同情心，它能让人不会因为某件事怀恨在心，并很快从争吵中恢复过来，同时仍保持个人的需求和优先选择。差异化是持续一生的过程，它塑造和培养了人的个性，并且帮助一对伴侣既保持自我的独特，又依然是一个整体。①

　　我不了解你的情况，就我成长的家庭而言，它看上去应该处在差异化程度较低的一端。关于差异化，我们要记住的一件重要事情是，我们往往会在十几岁的时候发展自己的差异化等

---

① *Passionate Marriage: Keeping Love & Intimacy Alive in Committed Relationships*, David Schnarch, 2009。——作者注

级,然后在大约达到我们父母所达到的等级时离开家。这一等级通常会在家中代代相传。不称职的父母往往会对孩子施加压力,要求孩子做出和自己一样的行为,以此作为一种确认或调节自己情绪的方式。这会让孩子无法发展自己的思考、感受和行动的能力。我在一个父母酗酒的家庭中长大,在这个家庭中,有着关于对家的忠诚(不能告诉外人)、自主(不要因为长大了或挑战了现状,就觉得你比对方更优秀),以及——最为重要的——养育(成年人的需求是最重要的,因此孩子必须养育他们的父母)方面的极为严格的规则。毋庸置疑,这挑战了我拓宽看待世界的视野的能力,也在我该怎样成为一个个体,又该怎样和我妻子一起成为一对夫妻这件事上施加了限制。

我和我的妻子都在充满高压的家庭中长大,在我们的家庭系统中,每个人都带着大量的"背景"压力和激素,再加上我们自身制造的压力,这让我们花了很长一段时间去弄清楚到底发生了什么,并学习以一种富有成效的方式来处理这些状况,而不是在危机关头大发脾气。

我们需要了解的第二大问题是,我们的差异化等级是很难改变的。我们往往会选择和与自己等级相当的人结婚。虽然我们往往会认为我们的配偶或其他人在情感上具有更强的处理能力,但事实并非如此。差异化这一因素要求夫妻双方一起在这一方面做出改变，以便能以有效的方式取得积极的成果。

那么，在了解这些之后，我们现在该如何治愈我们的创伤，从而改变我们在童年时被灌输的那些家庭动态呢？深入学习是我们在做出任何改变之前所要迈出的第一步。这样，你就会知道发生了什么，以及为什么会发生，你可以用下面的信息来帮助你，让生活的方方面面恢复正常，并努力去适应变成一个"无毒"父母的新策略。

了解我们的创伤

埃里克·埃里克森以他关于人类社会心理发展的理论而闻名。尽管他没有取得医学或心理学的学位，但他提出了自己的理论和"同一性危机"的概念。他主要研究社会影响（创伤、虐待、离婚等）在人的一生中如何影响其性格。下面是一份关于他的社会心理发展阶段及每一阶段所需实现的目标的概述。

阶段：婴儿期（0-18个月）

基本冲突：信任 vs 不信任

结果：当看护人提供可靠、关怀和关爱时，孩子们会发展出一种信任感。未能提供这些会导致不信任。

阶段：幼儿期（2-3岁）

基本冲突：自主 vs 羞愧、怀疑

结果：孩子们需要培养对身体技能自我掌控的意识和独立意识。如果成功会带来自主感，失败则会导致羞耻感和怀疑感。

阶段：学龄前（3-5岁）

基本冲突：主动性 vs 内疚

结果：孩子们需要开始维护自己对周围环境的控制和权力。在这一阶段，成功可以带来使命感。试图使用太多权力的孩子会遭到他人的反对，而这会带来内疚感。

阶段：学龄（6-11岁）

基本冲突：勤奋 vs 自卑

结果：儿童需要去应对新的社会和学业要求。成功会带来有能力感，而失败则会导致自卑感。

阶段：青春期（12-18岁，注：这一阶段的年龄范围，现

在可能会超出 18 岁）

基本冲突：自我同一性 vs 角色混乱

结果：青少年需要培养自我意识和身份认同。成功会带来忠于自我的能力，而失败则会导致角色混乱和自我意识薄弱。

阶段：成年早期（19-40 岁）

基本冲突：亲密 vs 孤独

结果：刚刚成年的人需要与其他人建立亲密、爱的关系。成功的话会带来稳固的人际关系，失败则会带来孤独和孤立。

阶段：成年中期（40-65 岁）

基本冲突：生儿育女 vs 停滞

结果：成年人需要创造或培养比他们活得更长久的"东西"，通常是通过生孩子或创造能造福于他人的积极变化。成功会带来"我很有用"的感觉和成就感，而失败则导致"对社会没有太多贡献"的消极情绪。

阶段：成熟（65 岁至死亡）

基本冲突：整合 vs 绝望

结果：老年人需要回顾过往的生活，并获得一种满足感。在这一阶段，成功会带来圆满感，失败则会导致遗憾、痛苦和绝望。①

当我们经历人生的每一个阶段时，我们要么成功地实现这一阶段的"目标"，要么未能实现（为了简单起见，让我们把它看作是一段达标或未达标的经历）。一般来说，在这一阶段发生的任何创伤或虐待，都会让我们无法达到该阶段的目标。例如，如果看护人没有在我们的婴儿时期提供适当的喂养和关爱，我们就无法建立起健康的信任，从而变得不信任他人。又或者我们在生命中的前三个阶段得到了良好的养育，培养出了信任、自主和主动性，但在6–11岁的某个时候，我们遭受了某个亲戚的性虐待，这一创伤会使我们在这一阶段产生一种自卑感。

通常情况下，一旦我们没能达到某一特定阶段的积极目标，它就会延续进之后的阶段，并对之后的阶段产生负面的影响。如果缺少一些积极的干预（心理咨询等），我们将一直无法获得人生中每一连续阶段的积极属性。在一个阶段实现目标，似乎会帮助我们在下一阶段实现目标。所以在学龄阶段产生自卑感的人，可能会在下一阶段经历角色混乱，之后将自己孤立起来，并且无法与他人建立牢固的人际关系，成年后也很少融入到这

---

① "Erikson's Psychosocial Stages Summary Chart", Kendra Cherrym, 2016。——作者注

个世界中，直到最后带着深深的遗憾、痛苦和绝望走向生命的终点。这个示例完美地概括了我对父母生活的观察。无论在童年的哪个阶段，他们都没有得到治愈；在每一个连续的人生阶段，他们都不断地失败，直到作为一个痛苦、孤独和愤怒的人离开人世。

下面是经营无家可归者收容所的一位女士对自己所观察到的情况的描述：

这些年来，我的工作范围是围绕着无家可归的人。许多人在人生的某个阶段停滞不前，他们在那个阶段受到了创伤。他们往往会停留在这个循环中。因此，他们无法正常地工作和生活。我了解到他们似乎有一种拒绝为自己的行为承担责任的心态。他们认为正因为他们的处境如此糟糕，所以有权利保持这样的心态。帮助他们改变和治愈需要花费很长的时间。这不会在一夜之间或几周之内实现，这是一个需要时间和大量工作的过程。

好消息是，我们可以从人生中的任何一个阶段回到过去，治愈或重新认识那些达标或未达标的经历。举个例子，假设你在生活中一直以来都有一种羞愧感，但不知道原因是什么。一位心理咨询师可能会和你一起，试着找出你在学步期那几年中经历了什么,因此导致你无法发展出健康的自主。然后他们可以为你定制练习或"家庭作业",帮助你培养出自信和健康的自尊。或者你在十几岁的时候经历了性虐待,突然间,你对自己在生活中的角色(甚至可能是你的性别认同)感到困惑。成年后,你可能会很难理解作为一个男人或女人、丈夫或妻子或父母扮演的角色。心理咨询师可以帮助你回到那个阶段,努力培养你的身份认同,以帮助你解决困惑。

在经历过多年的咨询、辅导和学习后,我依然能记起当自己终于了解作为一个男人、丈夫和父亲的角色时的那种感受。可以说,我突然感到"皮肤一阵舒爽"。这让我对生活的各个方面都充满了信心,我不再那样孤僻,而是全心全意地努力去帮助人们,让世界变得更美好。如今,我觉得自己有一些"智慧"可以奉献给这个世界,当我步入坟墓时,我会为自己所做的贡献和留下的印记感到欣慰。

此外,在我们对发展过程中经历的这些障碍进行重新认识之后,我们也大大提高了不把这些障碍传递给我们孩子的可能性。有时候,我们经历的自我治疗的过程,可以成为一次为了我们孩子的学习之旅。是的,了解这些发展阶段,可以帮助我们懂得,在孩子经历这些阶段时,作为父母需要有哪些认识上的准备。这也让我们在养育孩子的过程中可以更加明确的思考,而不是仅仅被动地做出反应。

身体、灵魂和精神

当我们遭受创伤或虐待时，它会影响我们的三个部分：我们的身体、灵魂和精神。身体是我们的实体存在，灵魂是我们的情感部分，精神是我们的心灵层面。一般来说，我们会把注意集中在其中一个上，并认为针对此采取措施就可以让一切恢复正常，例如，如果我们患有抑郁症，我们可以通过吃健康的食物、获得充足的睡眠和大量的锻炼来治疗"身体部分"。但是，这样做只解决了疾病的表症，而没有解决疾病的根本。"情绪部分"是用药物和心理咨询来进行治疗，心理咨询也是极有帮助的，但这么做同样也只解决了问题的一部分。想得到完全治愈，你不仅要解决这两个部分的问题（身体和情感），还要解决精神部分的问题。

大多数的精神团体，比如教会，往往只关注我们所受创伤的精神方面。这是一个重要的组成部分，但它只解决了问题的三分之一。而且，在教会里，我们经常会对那些遭受过这类性质创伤的人说"再做一些祷告吧"或"如果你真的相信，你就能克服它们"。"忘掉它，继续前行"是不可能的，除非大脑的一部分被切除。那些话语不仅不真实，它们还会带来伤害，而不是帮助。

一位男士告诉我，他与他的牧师见面，并向牧师吐露了他患有艾滋病的事。他的牧师非常生气，喊道："你怎么敢把那种因为你的生活方式而引起的疾病带进我们的教堂！"那位男士说："我试着解释，我是在小时候遭猥亵时感染了艾滋病病毒，但他根本听不进去。"当我们还是孩子的时候，我们口中的"不"没有阻止别人对我们做坏事，而当我们成人后，人们对我们的主观臆断，只会加重我们的痛苦。

一种处理因童年遭受虐待而造成的精神创伤的方法，可以是像对待身体上的伤口那样对待这些创伤。当我们腿上划了一道又深又长的伤口时，我们会怎么做？我们会处理伤口，并让伤口保持干净，如果伤口大到我们处理不了时，我们会寻求帮助。如果我们一直忽视它或者忽略处理伤口的步骤呢？那伤口就会感染，对吧？身体外在发生的情形也在身体内部发生着。

当我还是孩子的时候，记得一次去我叔叔家，为了炫耀，我跳上了表哥的自行车，然后从他们房前一座陡峭的小山上飞驰而下。正当全速行驶时，我发现一辆汽车正从一条小巷里穿出来，马上就要和我撞到一起。别无选择，我和自行车重重摔在了柏油路上。在我因为惯性在地上滑行时，自行车把手的一头压着我的大拇指，一直在柏油路面上摩擦着。当我举着一根看起来像汉堡包的拇指一瘸一拐地走进屋子时，我妈妈立刻抓起一支刷子，刷掉了伤口上的所有碎石，然后在我大声抗议的哭声中，又给我的拇指上涂上了一层硫柳汞。我跳来跳去，冲着指头吹气，发誓以后受了伤再也不会告诉他们了。伤口虽然很痛，但这样的医治似乎更糟糕。

　　我们中那些在童年时受过伤害的人也是如此。我们不寻求帮助，因为我们认为治疗的过程更痛苦。我们已经受到了严重的伤害，为什么还要再忍受痛苦呢？毫无疑问，治愈和改变是很难的，也是很痛苦的，并且需要很长的时间，还需要勇气和毅力。但是，从长远来看，如果我们采取全面的办法，完成这一过程就会更容易，也会不那么痛苦。我们需要再次承受痛苦，因为如果我们不这样做，我们就永远不会快乐，并且还可能把消极行为传递给我们的孩子。

尊敬你的父母

让受虐者最感到内心挣扎的一点是"尊敬你的父母"。如果你的父母在身体上伤害了你,在情感上给你造成了巨大痛苦,或者对你实施了性侵犯,你该如何尊敬他们?让我们来看下面这些方法,它们让尊敬成为可能。

尊敬你的父母——尤其是当他们不是值得尊敬的人的时候——的一种方法,是承认他们做过一些好的事情(我明白,但请把后面内容看完)。他们教会你一些东西,即使这不是他们的本意。举个例子,如果你像我一样和酗酒者生活在一起,作为家里最大的孩子,我差不多在大多数时间里都在抚养弟弟妹妹。因此,我学到了很多技能,这些技能在我之后的生活中提供了很大帮助。我学会了负责任,学会了有条理地做事,学会了自立,还学会了从我所承受的痛苦中培养自己的性格。我还学到了很多实用的技能,比如如何洗衣服、做饭、刷碗、用吸尘器清洁地板,以及给家具打蜡。而且,为了购买衣服和其他东西，我还不得不自己去挣钱，所以我在很小的时候就学会了开展和运作几项"业务"。12岁时，我有了一份送报纸的工作和一份除草的工作，这让我学会了成为一位小企业主需要的基本知识，这些知识在我成年后的生活中发挥了作用。它教会了我努力工作的价值，也教会了我持之以恒会带来回报。最后，作为一个孩子，有勇气去拒绝父母的生活方式，虽然这让我遭受了更多的虐待，但那份勇气给了我去尝试很多人不敢尝试的新鲜事物的机会，比如开展我自己的事业、写书，以及在众人面前做演讲。

而且，我的父母也做了一些好事（不全都是坏事）。他们一直都让我们有栖身之所（虽然里面是乱七八糟的），我也不记得自己曾饿过肚子，尽管饭菜的味道常常不尽如人意。在不喝酒的时候——尽管这种情况不常出现——他们都是相当正派的人。

然而，我在过去的很多年里，也为如何做到"尊敬父母"而内心挣扎。最后，一位牧师朋友解释说，他相信我们可以做到尊敬那些不值得尊敬的父母。他说，如果我们过着体面的生活，如果我们是受人尊敬的人，我们就尊敬了我们的父母。这对我而言是一个猛然的醒悟。我明白我可以过体面的生活，这也会给我父母带来体面——如果他们愿意接受这一点的话（实际上他们并不愿意）。但是，他们是否把这份体面看作是礼物不是问题所在,在我无法以其他方式履行"尊重父母"的要求时,我的行为就已经实现了这一要求。

作为虐待的幸存者,你学到了一些对你今天的生活有帮助的生存技能。虽然今天你身上那些累累的创伤(甚至是新的创伤)并没有让你觉得它们值得你付出努力,但它们让你成为了今天的你。有很多人问过我,是否希望自己的童年能过得更好一些,我告诉他们:"不。"虽然我并不享受那些经历,但我在童年时经历的那些事,让我可以和那些经历过类似问题的其他人建立联系。它们让我成为了我。如果没有那些经历,我就不会接触到那么多人的生活。你所战胜的挑战已经形成了"你是谁"的一部分——通常是最好的那一部分。如果愿意,我们可以用遭受过的最严重创伤,去帮助别人。

这些年来,我和妻子讨论过很多次,如果我们有健康慈爱的父母鼓励我们,教给我们成功的技能,我们的生活会是什么样子?我们会在哪里?我们会取得什么成就?我们又会拥有哪些我们已经浪费掉的潜能?享受一个天真无邪、无忧无虑的童年会是什么样子?如果有一对好父母和一个充满爱的家庭,我们可能会成为什么样的人?我们常为此感到遗憾。但有一天,我偶然间看到的一个观点彻底改变了我对这个问题的看法。作家兼演说家贝丝·摩尔在她的 *Get Out of That Pit* 一书中解决了这个问题。她说:"我可以告诉大家的是,基斯(她的丈夫)一直在哀叹说,如果生活没有让他跌进一个不同的方向,他可能会拥有更多潜能……'亲爱的',我回应道,'你已经得到了治愈,而且现在的你,比本该要成为的你,要了不起得多。'"她接着在书中对所有人说:"你有能力让自己得到治愈,并且成为一个比你本该成为的还要好上十倍的人。你的经历是一项让你变得富有的财富。把它用在受伤的人身上吧,他们非常需要它。"

有一句谚语说:"用柠檬做柠檬水"。如果你通过用你的消极经历去帮助其他人,你就已经把它们转变成了积极的经历,并且赋予了它们新的价值。

第 4 章
治愈的四个步骤

治愈或许不是为了变得更好,而是让你放下所有不好的事情——期待和信念,然后成为真正的自己。

——瑞秋·内奥米·莱曼

现在，我们已经解决了一些内在的创伤，接下来，我们可以采取哪些切实的措施来开始改变我们的生活？我花费（也是浪费掉）了很多年的时间，试图找出征服世界、杀死心中恶魔的方法，直到最终，我找到了"治愈"。下面是我找到的一些战胜成长经历的有效方法。不一定要完全按照这个顺序执行这些步骤，并且步骤之间也不是完全独立的。而且，这些肯定不是掌控自己过去的唯一方法，但对我来说它们是有帮助的。比起我所列出的顺序，一些步骤如果调整了次序，对你产生的效果可能会更好一些，并且有些步骤肯定会与其他的步骤重叠。无论如何，你都必须做点什么，否则你将永远无法寻得治愈和内心的平静。

深入了解：原因与结果

当我们（因为任何事情）遭受创伤时，我们会培养出一些在我们看来是合乎逻辑的生存技能，即使我们是在无意识的情况下运用这些技能。首先，背叛是造成我们童年创伤的一个最大因素。我们本可以无条件地在爱、庇护、情感、养育和培育方面去依靠的那些人，当他们背叛我们时，我们会感到被深深地伤害，并让我们不再信任他人，甚至不再去爱一个人。受伤的人往往会表现出几种常见的特征，包括无法释怀伤痛、独自承受伤痛、害怕自己变得脆弱、不寻求帮助、拒绝改变，以及从来不将自己的伤痛和愤怒表达出来（如果你在小时候因为表达这些情绪而受到过惩罚，那这就是可以理解的）。处理我们的伤痛需要勇气。

　　治愈或改变的第一步，是去了解当我们受到伤害时我们的大脑经历了什么。可以读一些有关这一主题的书，参加一些相关的研讨会和工作坊，还可以看看有关这一方面的视频。一旦我们对所面对的问题有了基本了解，我们正在做的许多在以前让我们感到困惑的事情，就会突然变得明朗起来。如果出现这样的情况，我们就可以开始继续进行深入的学习了。

　　在这场通向"治愈"的旅程中，互助小组可以提供非常大的帮助。有各种各样的成年幸存者互助小组。童年遭受虐待的成年幸存者组织（Survivors of Child Abuse, ASCA）是一项个人及团体支持计划，主要针对的是童年时遭受过身体虐待、性虐待、情感虐待或者忽视的成年幸存者。如果你有成瘾问题，匿名戒酒互助社（Alcoholics Anonymous，AA）、匿名戒麻醉品者协会，或者匿名戒酒者协会都是非常有帮助的。实际上，无论何种形式的虐待，你都可以在所在地区寻找到能给你提供所需帮助的互助小组。

我发现参加由酗酒者成年子女（Adult Children of Alcoholics，ACOA）组成的互助小组非常有帮助。我不太确定当初是怎么决定参加一个这样的小组，但我知道一开始我有些不太想去。事实上，参加这样的小组需要非常大的勇气。那时候的我还不是那种痴迷于心理咨询的家伙，也不是那种在我看来是"过于感情外露夸张的"的人。我想，我可能正好到达了节点：我很痛苦，痛苦到我知道如果我不采取不同的做法，就不会有任何改变发生，并且我不想再像以前那样继续过以后的生活。最终当我去参加的时候，让我最有感悟的事情，是发现有些人的想法和行为跟我"如出一辙"。我曾以为我所有的问题都是独一无二的，而且可能没有人能理解这些问题。想象一下，当我发现有整整一群人，他们在我什么都没说的情况下，就能清楚地知道我有什么感觉、我要说什么，这是多么地令人振奋。这就像是你一辈子都是近视眼，有一天你戴上了眼镜——突然间整个世界都变得清楚了。这个互助小组和这些人，让我对"我为什么以那样的方式回应某些情况"和"如何以一种更有效的方式处理那些情况"有了很多的领悟。这也让我迈入到成长和治愈的下一阶段。

大多数这种性质的小组都有一个具体的短期目标。我观察到一些在这些互助小组中待了很长时间的人,他们会一味地重复过往,不再前行。对我来说,这似乎有些适得其反,但我猜测,每个人在继续进步前,都有自己独特的治愈和成长的时间框架(匿名戒酒互助社可能是个例外)。

有些时候,我们需要继续前行。只靠互助小组无法完全治愈你。贝丝·摩尔评论道:"如果我们一直在抚弄着自己不堪的过往,那它们怎么能得到痊愈?"正如俗语所说:"瞎子岂能领瞎子,两个人不是都要掉在坑里吗?"

帮助你康复的下一步骤,需要涉及专业的心理咨询。

心理咨询

如果你遭受过身体虐待或性虐待,那么专业的帮助是非常必要的。如果你现在在用毒品或酒精来缓解自己的痛苦,你必须首先处理这些问题——如果你被毒瘾或是酒瘾控制,你就无法掌控自己的生活。"瘾"可以支配一个满是伤痛灵魂的行为和动机。

我的治愈过程的下一个阶段涉及到个人以及夫妻的心理咨询。在过去的几年里,我和妻子在不同时期分别以个人和夫妻的形式参加了心理咨询,有时候是我们一起去,但大多时候是我们其中一人单独去。在这一过程中,我了解到了下面几件事。首先,找到适合的心理咨询师是非常重要的。同样,作为一个男人,我觉得非常重要的是,我见到了一位男性心理咨询师,他能够理解我所面临的一些只有同性别的人才会遇到的挑战。出于同样的原因,我的妻子也觉得遇到一位女性心理咨询师是非常重要的。

夫妻咨询有点儿微妙。我们在咨询过程中,既见到了男性心理咨询师,也见到了女性心理咨询师。我们发现,找一位对夫妻双方都保持尊重的心理咨询师是很重要的。坦白地说,我们需要在接触很多心理咨询师后,才能找到真正适合我们的。举个例子,最开始的时候,我们碰到的几位女性心理咨询师似乎总是把主要责任都归结到我和所有男人身上。也许在我们的关系中,我确实有可能是那个主要问题所在,但值得赞扬的是,我的妻子对于我在谈话过程中经常被人抨击这件事感到很不舒服，也很不高兴，于是我们很快就做出了其他的选择。当然，我的负担的减轻是很明显的。

我不太确定年龄（或者性别）对心理咨询师来说是否重要，但我知道，两位专业人士的心理咨询给我带来的影响是最大的，而他们都是年长的男性。其中一位是精神病医生，他在一年里教给我的东西比我在一生中学到的都多——尽管当时的我并没有意识到这一点，也没有对此表达感激。年轻的时候我遇到了他，才会幸运地拥有了今天。我非常盼望有一天能在天堂见到他，然后为他的智慧向他表示感谢。告诉他我的生活是怎样的，以及他在其中扮演的角色。那将是多么快乐的一件事。

如果你曾遭受过虐待，我认为一位生活导师，是没有资格去处理这些问题。你可能需要寻找在这些特定领域接受过专业培训的人来帮助你走出困境。

我会定期花钱请一位心理咨询师和我进行"调整"会谈，只是为了确定我仍然处在正确的位置，我的思维过程没有偏离正轨。这也让我释放了一些可能积累的压力，并且在我正努力解决的关键问题上，我还能获得一些客观的反馈。别的不说，这至少会让我感到安心，尤其是在我为其他人提供指导和心理咨询，以及写书帮助人们解决这些问题的时候。

生活中的导师

无论我们的家庭是多么地"功能失调"——没有其他范例来对比评判——还是孩子的我们会认为这是"正常的"。但是,当我与大多数来自有虐待行为或是破碎的家庭但如今生活已经彻底改观的人们交流时,他们告诉了我一件非常重要的事情——在他们生命中的某一段时间里,都会有一个人、一对夫妻,或者一个家庭为他们树立了榜样,告诉他们健康的生活是什么样的。把所看到的生活情形当作是一个可以为之奋斗和可以带来希望的目标,是极为重要的。作为人类,我们对未知事物无从了解。如果我们从未接触一种新的"正常",我们就会继续认为我们成长中所目睹的旧生活情形是正常的。这会让人感到沮丧和气馁,更不用说它给我们的新家庭带来的破坏。此外,如果没有这种积极的角色榜样来取代消极的模式,我们可能会消除旧模式,但在那个位置上留下空缺。我们会用任何我们认为是正确的东西来填补这一空缺,但效果可能不会很好。没有一种对未来的憧憬,我们就总是会回到过去的生活模式。

治愈发生在人际交往中——我们无法依靠自己来得到治愈。当信任被打破，你将无法再次建立起信任，除非通过其他的人际关系。但我的经验是，受伤的人往往会从另一个受过伤害的人那里寻求建议，而不是找那些健康的人去获得真正有帮助的建议。他们这样做，是因为其他受过伤害的人会说他们想听到的事情，这让他们感觉舒服——他们认为自己与那些人"建立起了联系"。当然，遵循那些人提供的建议，注定会让他们一生都生活在功能失调的循环中。此外，与受伤的人很难建立起健康的人际关系。

在我24岁的时候，我很幸运地遇到了我的亲生父亲（在3岁之前，我和他一起生活，但我已经不记起我们在一起的时光了）。在我小的时候，他曾多次想要见我，但都被一位怀恨在心的母亲阻挠了。在这几年中，我们发展了亲密的关系。他是一个非常好的人，给我的生活带来了很大的影响。拥有一位会向我送上真心祝福的父亲，终于深深地治愈了我。父亲那些充满力量的祝福——"我为你感到骄傲""我爱你"，治愈了很多我在童年时受到的内心创伤。他在男子气概，男人的品行举止，以及我在成长过程中所缺乏的生活技能方面，为我树立了积极的榜样。他的出现是我人生中的一大幸事。

在没有导师的情况下制定计划，这些计划通常是不现实的，成功的机会也很渺茫。如果我们从来没有获得过引导我们过上健康生活的指导,我们最终还是会重新依赖我们在小时候学到的东西。这些策略不会起作用。我作为父母所面临的挑战之一,是我知道从父母那里学到的并不是我想要运用的行为模式。但我没有任何其他榜样来取代这些模式。我一直在为此努力,直到我允许人们进入了我的生活,我可以观察他们的养育方式,与他们交谈,并从他们那里获得建议。

当我有勇气让健康(至少比我健康)的人们进到我的生活时,我的生活发生了180度的大转变。对于那些已经觉得自己没有价值、没有希望或能力不足的人来说,这可能有些难以置信。我们已经苛刻地评判自己。我们不愿承认我们的过错,也不愿接受更多的批评。遭受过虐待的人们往往会把自己孤立起来,目的是维持"他们能掌控自己生活"的表象。被那些能把自己生活"安排得很好"的人批评、责备或是取笑,这些事情想想就令人心生惧意。但我发现,我得到的这些智慧、鼓励和治愈,值得我为"允许其他人进入我的生活"赌上一把。实际上,所有这些担忧的事都没有成为现实。每一个我愿意对他敞开心扉的人都很有同情心,也很乐于助人。

其次,我一直在积极地寻找那些会出现在我生活中并会成为我的导师的人。这对每个人——不管健康与否——来说其实都是很难迈出的一步,因为被他人拒绝是人类在社交过程中最害怕的事情之一。一般来说,我们都会认为导师是一位值得尊敬的知己，我们会与他建立私交。但是导师也可能是一个远程为我们提供心理咨询和教学的人。我从我的第一位牧师斯图·韦伯那里学到了很多关于男人、丈夫和父亲的知识。通过他的书和演讲，我学会了很多，但他从来没有直接和我交谈过。对我来说，他是一位导师，甚至连他自己都不知道。我也从其他了不起的作者和演说家那里学到了很多关于婚姻和育儿方面的知识，他们就是我的"远程"导师。

作为父母，我发现通过与一群男人见面、交谈，对我成为一个更好的父亲来说是至关重要的。令我敬重的男士会说一些我可能无法从妻子或其他人那里获知的事情。他们会指出："在这个问题上你做得不对"或"你这里有点出格了"。同为父母，他们还会对在特定情况下用到的各种策略为我提供集体智慧，这些策略有些很管用，有些不管用。他们已经经历了我还没有经历的情形，这也能让我更加深入地了解到，如果我在将来处于其中一种情形下时，我应该怎样控制自己。最后，和男士们的交谈给了我一个宣泄的出口，这样我就可以谈论一些只有另一个男人才能感同身受的事情。

女士们也同样需要一群朋友来谈论男人不感兴趣或不能理解的事情。她们也需要能够满足自己对于社会化和社团的自然需求。幼年时遭受过虐待的人们有一个问题，就是我们往往会孤立自己（就像我们的父母做出的榜样），但是我们的生活中需要其他人。女人尤其需要与其他女人交谈、交往，以及成为朋友。

由于我妻子苏珊娜的成长背景，这些年来她一直受到一些问题的影响，尤其是她母亲给她造成的那些创伤。值得庆幸的是，已经有几位年长的女性填补了这一空缺，并且帮助她抚平了创伤。

因为在家中遭受虐待，苏珊娜在13岁时离开了家，基本就生活在大街上。在这段时间里，她一直被一个比她大一些的男孩骚扰，那个男孩声称她是他的财产。14岁时，她怀孕了。她把孩子给别人收养，然后重新开始上高中。在那里，她遇到了一位年轻的家庭经济学老师S夫人，她和S夫人关系密切，虽然S夫人在她生活中只出现了3个月，但是在苏珊娜离开那所学校之前给她留下了非常深刻的印象。S夫人真心地关心她，同情她，而其他人似乎都没有这么做过。苏珊娜说，她觉得S夫人使她想去成为一个更好的人。这似乎无法解释，但不知为什么，S夫人在苏珊娜心中种下了一颗责任的种子，让苏珊娜想要以一种在将来某一天S夫人会为她感到骄傲的方式去生活。

随着时间的流逝，苏珊娜与S夫人失去了联系，但是那颗种子还在，那份情谊还在。大约15年前的一天，在我办公的波特兰市中心的一栋楼上，我们正在大楼的顶层上观看玫瑰节的游行。当成千上万的人经过时，我妻子突然从五层楼的楼顶上大声喊道："嘿！那是 S 夫人！"那的确是她，她正在行军乐队里演奏乐器！苏珊娜大声喊着："S 夫人！S 夫人！"S 夫人抬起头，笑了，然后在一片喧闹声中喊道："你好啊，苏珊娜！"那么多年过去了，他们彼此还能认出对方，这多么像是一个奇迹。他们很快重新建立了联系，时不时还会见面。

几年前，让 S 夫人珍爱的丈夫去世了，从那以后，每逢节日，我们都会邀请她来和我们一起过。我们已经成年的小女儿把 S 夫人当成了自己的祖母，她们一起缝裙子，聊天，谈论一些年轻女孩想从一位为人正派的老夫人那里知道的一切重要事情。最近，就在苏珊娜的生日前，S 夫人打来电话来，问苏珊娜能否过去拜访她。在拜访她的时候，S 夫人说，她记得几年前的感恩节，苏珊娜没能拥有一套好的瓷器，她很想让苏珊娜拥有她的那套瓷器（一套非常漂亮的瓷器）。然后，S 夫人说她还不希望苏珊娜因为一辆坏车而陷入麻烦（就像去年发生的那样），她已经预留了一笔钱，要送给苏珊娜一辆新车作为她的生日礼物。尽管苏珊娜不同意，她们还是去看了新车。S 夫人花了一大笔钱，买了一辆崭新的斯巴鲁傲虎，车上配备了各种花哨的东西——安全装置、真皮座椅、天窗等等。苏珊娜再三强调，她不需要真皮座椅和导航系统，但如果没有这些"安全功能"，S 夫人是不会让苏珊娜离开的。虽然苏珊娜以前也购买过新车，但它们都是家庭用车——不是她一个人用的。

苏珊娜为这份难以置信的礼物流下了许多喜悦和欢欣的泪水。她的同事说，在所有人当中，苏珊娜真的应该得到拥有这份令人惊叹的祝福。看过苏珊娜生活节省却热心公益，听到在过去17年中的奔波故事，苏珊娜的同事说："哇，能够祝福一个如此值得祝福的人，那感觉难道不是很奇妙吗？"苏珊娜说她并没有"感觉"自己有这份荣幸，但是她的同事说："那是因为你不期望任何东西，但是，看吧，命运安排了一切！祝贺你！"

但是下面要说的才是这件事真正了不起的地方。虽然经济上的礼物慷慨得令人难以置信，但我认为S夫人给了她一份更大的礼物。因为童年的经历，苏珊娜带着几处创伤走进她的生活——没有父亲的创伤、被遗弃的创伤，还有母亲带来的创伤。作为一个男人，我尽我所能帮到一些——用给她好的生活，给她保护，给她爱，来抚平没有父亲的创伤；用34年的忠诚和承诺，来抚平被遗弃的创伤。但是我无法解决她的母亲带来的创伤——只有另一位年老的妇人能做到这一点。我想，S夫人的这份礼物里带着无条件的爱（这是只有母亲能够给予并且也应该给予的），这份礼物将会帮助治愈她心中的那个与母亲有关的创伤。我已经开始看到一些令人兴奋的变化正在发生。我也会饶有兴趣地坐下来，看着她在迈步向前时会发生什么。

可以寻找他人作为或长期或短期的导师。在我们的孩子还小时，苏珊娜一直努力想要弄清楚做一位母亲意味着什么（这主要是因为从来没有人向她示范这些),她很幸运,一个女士在她生活中出现了,并向她示范了怎样成为一个称职、有爱的母亲和妻子。这位女士虽然出现的时间很短,但是对于苏珊娜来说已是一大幸事——一件直到现在还能带来好处的幸事。

随着年龄的增长,我一直在寻找一位和我走过相同历程——既是作家、演说家,又是牧师——的导师。这是一段艰难,而且经常是大多数人没有经历过的孤独历程。我有一位牧师朋友,他一直为我提供心理咨询,而且我再也没遇到过能代替他的角色的其他导师。我和他谈起这件事,但他说,我可以为生活中每一不同领域寻找不同导师。例如,我可以找一个人为我提供精神方面的建议,一个人提供养育孩子方面的建议,一个人为婚姻方面提供建议,再找一个人为我提供事业上的建议。这看起来要容易实现一些,而且效果真的很好。

我的观点是,没有人能在没有帮助的情况下取得成功。

勇敢地面对我们的施虐者

很多心理治疗师都不相信，勇敢地面对父母是一种治愈的方式。他们相信这不会治愈创伤，而是会重揭伤疤。人们想勇敢地面对他们的施虐者，往往会出于各种各样的原因，概括起来主要是想让施虐者们承认他们的不足，为他们的错误行为道歉，以及通过了结过往让自己的生活得以继续。但是，一个虐待孩子的父母或是共依存的父母极有可能不会承认他们虐待孩子。更有可能出现的情况是他们会矢口否认，责怪受害者，或者非常生气——通常这几种情形都会发生。

然而，即便你无法得到你想要的公正，你还是有合理的理由去勇敢地面对你的父母。首先，有时候，勇敢地面对是有效果的。如今你已经是一个成年人了，虐待你的人在身体力量上不再具有绝对优势。这样的发现本身往往就是一种治愈。此外，我们会让一直保留在内心深处的东西渐渐侵蚀我们的内心。他们将恐惧、愧疚和愤怒强加在我们身上，我们有很大可能将这些传给我们的孩子。一旦我们没有解决一些类似这样的问题,这些问题就会遗留给我们的孩子。

如果你认定只有勇敢地面对虐待你的人才能继续前行,你可以先从一封信作为开始。在这封信中要包含下面这些内容:

这是你对我所做的。

这是我当时的感受。

这是它对我的生活造成的影响。

这是我现在想从你这里得到的。

勇敢面对父母的4个要求

·你必须强大到足以应对他们对你的拒绝、否认和愤怒。

·你必须有一个能充分给你支持的体系,来帮助你度过前期准备、直面父母和产生结果3个阶段。

·你必须先将你想说的话写下来,提前演练,并要练习非自卫性的回应。

·对于童年发生在你身上的不好事情,你不能再有"我该为此负责"的想法。

如果你直面父母的目的是想让他们倾听你的声音，卸掉你心中的一些事情，那么一封信可以达到这个目的。如果你想修补一段关系，那么一场面对面的交谈或许是你所需要的。然而面对面的交谈会有这样的问题，就是大多数施虐者（和那些允许他们虐待孩子的人）从不承认他们的行为。他们还想颠倒是非，把责任推到你的身上。不管选择哪种方式，如果你想让他们倾听你的声音，组织语言可能是非常重要的。指责的语气会使有错的一方采取防御和反击的态度。我的妻子给她母亲写过一封信，她在信中写下了她在儿时遭遇过的所有可怕的事，有些是她母亲对她做的，有些是她母亲允许别人对她做的。写这封信，她经过了深思熟虑，并且写得也很好。不幸的是，在信的结尾，我妻子用了一个她不该用到的词。她的母亲被这个词惹怒了，从而忽略了所有关键的内容。这是让苏珊娜感到非常不满的一次经历。要始终把你评论的重点放在你有怎样的感受上，而不要放在他们应该有怎样的感受上。

我建议你在尝试直面父母之前，先和一位值得信任的心理咨询师以及爱你的家庭成员谈一谈。这是不能掉以轻心的，因为如果执行这一步骤的方式稍有不当，就会造成更大的伤害。

用我们的伤痛去帮助别人

用我们的伤痛、创伤和受伤害的经历去帮助别人，可以化腐朽为神奇。这会赋予它们价值，把负面转变成正面。你的经历能够让你与那些有过类似经历的人建立起联系，而且这是其他人永远无法做到的。你战胜虐待的这一经历给你带来了一项特权，那就是你可以和其他幸存者们建立起非常深厚的联系，甚至比那些最聪明的但从没经历过这些类型创伤的心理学家们建立起来的联系还要稳固。（注：在给别人建议之前，我们必须先从这些创伤中得到治愈，否则，这就会成为"问道于盲"的例子。）

让你的伤痛继续得到治愈的最快方法，是开始用它来帮助别人——发掘你的伤痛有用的一面。你可以通过帮助指导那些没有你恢复得好的人，领导互助小组，向大大小小的团体做演讲，或者只是和需要你帮助的人成为朋友等方式来做这件事。你也可以把你的经历和学到的东西写到博客、刊载文章以及书里。你了解些什么,学到了什么,经历过什么,这些都能以你想象不到的方式去帮助别人。我经常收到来自世界各地读过我的书或听过我演讲的人的邮件和信。他们向我分享,我说过或写过的话给他们的生活带来了多么大的改变。我对此总是感到震惊,因为我并不觉得自己有那么好。很明显,我用我的努力完成了许多远远超出我的能力的事情。

救赎的力量在于可以用我的伤痛来治愈他人。这给伤痛带来了正面意义和价值。当我允许自己的经历以这种方式被利用时,它也奇迹般地治愈了我。

第 5 章
治愈我们的情绪

有毒的人际关系可以改变我们的认识。你可能在很多年里都认为自己一无是处。但你并非一无是处,你只是没有得到欣赏。

——史蒂夫·马拉贝利

情绪是从我们所处的环境、心情，或是与他人的关系所派生出的一种本能的心理状态。它们是感受，与推理或知识有着本质的不同。它们是自发地出现在我们身体中，而不是有意识地出现。情绪似乎支配着我们的日常生活。我们会根据自己是否快乐、生气、伤心、无聊或者沮丧来做出决定。我们会根据对情绪造成刺激的程度来选择活动和爱好。存在于所有人类文化中的6种基本情绪是：恐惧、厌恶、愤怒、惊喜、快乐和悲伤。

对于相同的事情，不同的人会体会到不同的情绪。结婚或生孩子带来的情绪有快乐，也有焦虑。我在演讲过程中展示了一个非常感人的电影场景。看到这一画面的大多数女性会流下快乐或悲伤的泪水，这取决于她们的成长经历。当我把它给监狱里服刑的男人看时，他们中的大多数都发出了嘲笑（虽然这可能是一种防御性回应，因为在监狱中表现出脆弱是很危险的）。

情绪也是主观的。换句话说，愤怒可以有不同的程度，从轻微的不悦到大发雷霆。爱也可以是从兄弟般友谊到盲目崇拜。

我们可以同时感受不同情绪。我们可以在工作面试时感到兴奋和紧张，也可以为我们的孩子要去上大学而感到难过和高兴。我们甚至能同时体验到矛盾的情绪。同时爱和恨一个人，或者对一个人感到既骄傲又失望，都是有可能发生的。

我们的情绪是"我们是谁"以及"我们如何对不同情形做出反应"的组成部分。对那些在童年时遭受过虐待的人来说，他的情绪反应通常是存在问题的，或者至少有些不合情理。我们需要解决我们成长环境所带来的一些情绪问题，以便使情绪不会支配我们的行为，尤其在它对我们养育孩子产生影响的时候。

态　度

在应对过往生活带来的挑战时，我们的态度发挥着非常重要的作用。在生活中，我们没有办法控制那些发生在我们身上的事情，但我们可以掌控自己的态度。一位女士对此这样描述道：

我也想要做到谦和而宽容，但这很难。我们现在知道，我们之所以如此艰难，是因为我们有糟糕的父母，所以我认为，回顾过去的感觉比我们经历这些事情时的感觉还要糟。我们应当得到更好的对待。今天，我的心很痛，是因为我不知道自己得到过如此多的爱与宽容，即便这只维持到我 15 岁时。对爱、支持和接纳的完全缺失，影响到了我最核心的东西，比如缺乏自尊、自信、社交礼仪、宽恕他人的能力，并且我长久以来都生活在恐惧当中（我甚至不知道恐惧的是什么）。我从那糟糕的 15 年中得到的收获，是知道我必须照顾自己。我做出了很多错误的决定，但我至少具备从中吸取教训的良好意识。我试图去探寻"我是谁"和"他们是谁"。两个糟透了、令人苦恼、自私、不幸福的人，变成了非常好、品行端正、工作勤奋的人，并且他们有着极好的给予爱的支持的家庭。我们很难对此感到不快乐。

另一件事情是——情况原本可能会变得更加糟糕。天哪，人们会对他们的孩子做出真的非常糟糕的事情。虽然很糟糕，但我感激我们的父母没有成为那样的人。

人的性格具有极强的复原能力，这能让他们克服早期留下的不利影响。作家大卫·布鲁克斯评论说:"即使在童年遭受过性虐待的人当中,大约有三分之一的人在成年后,几乎不会表现出什么严重的后遗症。"可能这是因为这些人选择掌控他们对待生活的态度。

拥有好的态度,其中一点是对我们拥有的一切心怀感激。如果你有对你忠贞的伴侣和爱你的孩子,那么你就有了无以言表的幸福,要感恩这一切。你每天都有家可住,有食物可吃吗?你身体健康吗?如果你的回答都是肯定,那么你就比这个世界上的多数人都要幸福。感恩吧——为你所得到的幸福而感到欣喜。如果你在阅读这本书,那你一定受过教育。这是多么大的荣幸!这意味着你可以改变自己。对你拥有的心怀感激,不要对你的缺失感到不快乐。

我非常理解,强迫自己快乐并不容易。我不是在傲慢武断地向你提出建议,但是我们的态度是我们能掌控的少数事情之一。这是我们生命中不会被任何人夺走的事物。这是一种心能训练,当我们锻炼它时,它就会变得更强壮,就像肌肉一样。在一开始,你可以通过经常告诉你在意的人他们对你来说有多么重要,来改善自己的态度,并让自己心存感激。多说"谢谢你"(即使你在当时没有这样的意愿)。每天都写下让你感恩的几件事，哪怕很牵强。接下来，想想你喜欢自己的哪些方面。照照镜子（即使这很难），然后告诉自己，你喜欢自己的一些事情。在生活中去发现自己表现好的一面。每天都做这些事，直到你开始相信关于自己的这些事实为止。

我们的态度决定了我们的满意度、幸福感、满足感，甚至是我们的身心健康程度。我们可以选择沉闷和痛苦，或者我们也可以选择，如果不幸福的话，至少对我们拥有的一切表示感激。这种感恩的态度会极大地帮助我们改变对待生活的看法，以及决定我们会成为什么样的父母。你愿意成为一个沮丧、愤怒、令人害怕的父母，还是愿意成为一个快乐、亲切、充满爱的父母？我的选择和你一样。

哀痛与悲伤

为了获得治愈，我们必须处理的另一种情绪是悲伤。因为很多遭受过虐待的人隔离了自己的情绪，他们从不为自己的

"失去"感到哀痛或伤心。悲伤是对失去的一种正常回应——在失去正常的童年、我们的纯真，或者甚至是一方父母的爱的情况下。我们必须学会为失去对自己的良好感觉、信任、快乐、安全感，养育我们和尊重我们的父母而感到哀痛。悲伤和愤怒是交织出现的，不可能只出现一种，而不出现另一种。

我们还必须为失去我们希望和渴望拥有的那种父母而感到哀痛。如果爸爸虐待孩子，而妈妈允许他这么做（反之亦然），那他们就是施虐者。父母的主要职责之一是保护他们的孩子。没有做到这一点，或者假装自己不知道虐待正在发生，这和实施虐待同样糟糕。我们必须为这样的事实感到伤心：我们可能不会再得到我们需要的爱和养育了（这本是完全可以期望的），并且我们的父母可能从不会承认自己的行为并为此道歉。虐待孩子的父母无法做到这一点，是因为他们要么有心理上的疾病，要么受到过伤害，很愤怒，很软弱，以自我为中心，又或者他们就是那么坏。而且，如果他们过世了，那你将永远不会得到理应获得的公正和道歉。

这听上去可能令人沮丧，但这不意味着你无法从其他地方获得你渴望的东西。你也许有一个爱你并支持你的伴侣，还有无条件爱着你的孩子。除此之外，你可能还有其他家庭成员

（配偶的父母、祖父母、兄弟姐妹等等）、朋友，或者爱你并通过谆谆教导向你的灵魂输送养分的导师。请珍视这些关系，并对你拥有的一切心怀感激。有些人可能非常不幸，甚至都没有一个关心他们的人。

处理虐待所带来伤痛面对的一个挑战，是我们必须处理我们的悲伤。然而，虐待会带来的一个非常不幸的影响，就是许多遭受过虐待的人无法感受任何事情——情绪被隔离了。为了继续生活，我们不得不学会把自己的情绪装在一个盒子里。大多数遭受过虐待的孩子都有因表达感受而受到惩罚的经历。所以，在童年时拥有感受似乎是不安全的，或者这些感受是如此痛苦，以至于我们把它们搁置一旁，以此对其进行处理。

从悲痛中走出来，重新感受这些情绪的过程是痛苦的。这需要时间，不能操之过急。为了从中走出，我们必须经历悲痛的几个阶段。我们通常只把悲伤和亲人去世联系在一起。但是，在遭受虐待的童年中，当你意识到不再拥有充满爱和提供养育的亲子关系，童年的纯真和快乐也会一同逝去时，这样一种失去（象征性的死亡）也会造成悲痛。

> **关于悲痛的3个常见阶段**
>
> **早期阶段**
>
> 震惊——麻木,想要否认
>
> 情绪释放——开始感到痛苦和伤心
>
> 为死亡或失去所困扰——一直思考失去或发生的事情
>
> 愤怒——感到被遗弃或无能为力
>
> 沮丧或悲伤
>
> **中期阶段**(身体和精神悲痛的表现)
>
> 失眠　　　　食欲不振
>
> 喉咙发紧　　不真实感
>
> 窒息或气短　情感疏远——没有人关心或理解
>
> 感觉胃里空空的　　感到惊慌失措或想要逃跑
>
> 虚弱
>
> **后期阶段**
>
> 对话或谈判　　接纳
>
> 原谅　　　　　回归生活

这些是常见的阶段,不是必经的阶段;它们不具有可预测性,也不会依次经历或具有普遍性。

在我和苏珊娜举行婚礼的两个月前，我最小的妹妹在一场车祸中去世了。这对所有人来说都是一个打击，甚至我的父母，他们在正常情况下都无法处理自己的生活，此时已完全崩溃。作为家中的长子，处理葬礼事宜的担子就落在了我的肩上。也许是因为我在成长过程中形成的处理问题方式（或许是因为当时有限的生活技能），为了完成该做的事情，我最终压抑了自己的情绪。不幸的是，当一切平息下来之后，这些情绪仍被一直深埋在心底。我从未以恰当的方式处理悲伤，而是继续着我的生活。但这些未得到处理的情绪最终还是会表达出来。它们只是被狠狠地压在心里，就像装在袋子里的睡袋一样，直到接缝处变得松动，然后它会爆发而出。当我的感受最终发泄出来时，处理这些感情变得更加痛苦了。这比我在生命中更早些时候处理它们，花费的时间更长，也更加困难。

想到要处理悲痛也许会令你感到恐惧，但请你明白，你越早进行处理，就会越早康复。一位优秀的心理咨询师可以帮助你完成这一转变，你会从中受益。

处理我们的愤怒

大多数遭受过虐待的人都很愤怒——这是理所当然的。愤怒是没有关系的——因为你遭受的一切,以及失去童年纯真,你是有权生气的。然而,你没有权利把伤害传递到你生命中重要的人身上,比如你的伴侣或是孩子。因此,我们必须学习用一种健康方式处理愤怒,这样我们才不会让它伤害到周围的人。

对于一些在童年遭受虐待的人来说,愤怒通常会让人感到恐惧——在别人以及他们自己表现出愤怒时。儿时的你可能因为愤怒而受到过惩罚。再加上虐待你的人可能也非常愤怒,这都会让一个孩子感到恐惧。愤怒也有可能摧毁一个人。对于那些受过伤害的人来说,变得愤怒意味着失去控制——而且,控制是他们依靠的东西,就像是波涛汹涌大海上的一件救生衣。对于受虐待程度不同的受害者来说,愤怒可能是一种非常复杂的情绪。

受过伤害的人通常会用几种方式应对愤怒——他们把愤怒深

埋在心底，然后因此生病或变得抑郁，或者他们会用酒精、药物、性或食物来麻痹它。有时候，我们会让内心的愤怒把我们变成痛苦、沮丧、好斗的人。还有人会随时携带愤怒的喷火器，他们会伤害任何遇到的人。

处理愤怒问题需要时间。女性尤其会被社会化，从而不表现出愤怒。这常常致使她们把愤怒情绪压抑在心底，也会导致她们做出自毁行为：饮食障碍、自残（用刀割伤自己）、用药物或酒精自我疗伤、购物、滥交、吸烟、囤积物品等，这些都可能是女性内化愤怒的症状。或者她们会选择可以让自己发泄愤怒的伴侣，从而间接地释放压抑的愤怒。不幸的是，这样的人通常都有很强的控制欲和虐待倾向。

处理愤怒的方式

- 允许自己感受愤怒的情绪。
- 表达你的愤怒。不要把它压抑在内心，用健康的方式积极地表达出来。跟人们说说你的愤怒，击打枕头等等。表达愤怒会让你有活力，压抑愤怒则会让你筋疲力尽。
- 多做一些身体运动。这会释放紧张情绪，并会产生内啡肽，增强你的幸福感。

> · 把你的愤怒当作是改变生活的动力。我用愤怒有效地改变生活，以确保自己不会像父母那样。不要让你的愤怒加深负面的自我形象。不要因为你感到愤怒就认为自己是坏人。愤怒是对发生在自己身上事情的一种合理的反应。

女性通常会将愤怒压抑在内心，而男性则会将愤怒发泄出来，对自己和他人造成极大的伤害。下面是男性在愤怒时产生的一些生理和心理的变化，以及对其的回应。

愤怒会在男性身上产生一种生理反应。它会使你进入备战状态并且具备敏锐的洞察力。它所产生的能量会以自我保护或者甚至是武器的形式直指外界。愤怒还会引发一种战斗或逃跑的反应来自我保护。愤怒通常是男孩和男人们用来掩饰自身不足的强有力工具。你会注意到，当年轻的男性，甚至年长男性变得过于沮丧或者情感上受到伤害时，他们就会用愤怒作为回应。

肾上腺素的激增和与此相关的反应可能会让一些男性对此上瘾。年轻男性需要有人教他们如何处理和控制自己的愤怒。为了做到这一点，他们必须学习承认自己的愤怒，并找出这些愤怒的来源。之后，他们才能学习决定如何选择回应愤怒。很可能，我们需要帮助才能找出愤怒的来源，要么是通过一个心理咨询师，要么是通过一个爱你的家庭成员。我的妻子能帮助了解我在某一时间下的感受是什么，以及产生这种感受的原因。她对情绪有更多的接触和了解，这让她能够与我交流（在我生完气后）我当时的真实感受是什么。

男性并不是非常擅长理解自己的情绪，在处理情绪时也会感到不自在。情绪是强有力的，并且通常是无法控制的。这就是为什么很多男性压抑自身情绪的原因——一旦被释放出来，它们就很难预测或掌控，并且通常导致的情形是永远以伤害作为收场。然而，他们比较容易接受的一种情绪是愤怒。对很多男性来说，愤怒就像是一个老朋友，在任何情况下，他们都可以召之即来。就像所有强有力的情绪一样，它可以以破坏性的方式使用，也可以以有益的方式使用。例如，愤怒会在人际关系中造成极大的破坏。当看到一个男人无法控制地大发雷霆对女性和孩子带来的毁灭性影响时，你就会明白这一点。愤怒可能导致情感、心理甚至是身体上的虐待。

另一方面，愤怒可以被引导到"正途"上。愤怒可以用来激励一个人去完成他原本无法完成的事情。它可以被用作是一种机制，鼓励人们在面临胁迫或严酷的环境时坚持不懈。许多男孩能够完成一些艰巨任务，原因是在有人说他无法成功时，他就会变得愤怒。当被人取笑时，很多男孩会用这种愤怒来激励自己，去"证明"冒犯他们的人是错误的。教练在训练队员时，有个办法是让年轻人愤怒，目的是激励他们超越自我设定的界限。事实上，很多男人——包括我自己——会用愤怒和坚毅激励自己在生活中取得成功，原因就是有一个像父亲一样的人不断告诉自己"你成不了任何事"。战士们经常把对敌人的愤怒作为在战斗中取胜的动力，甚至发生在校园中的打斗中也是如此。

不管它是如何被使用的，愤怒都是男性最熟悉的情绪。愤怒通常是男性用来掩盖或伪装其他情绪的第二情绪。例如，一些特定的情绪，诸如恐惧、焦虑、脆弱或痛苦，往往会在男性身上产生出一种屈辱感。屈辱会被男性看作是一个弱点。记住，对于大多数男性来说，表现出弱点意味着你是脆弱的，并且容易招致批评。脆弱是对攻击的邀请。但是，愤怒是对攻击的防御，甚至还可能成为攻击他人的武器。脾气暴躁的男人和男孩很少被找麻烦，甚至是被欺凌。我记得我曾用愤怒作为一种防御机制，目的只是为了让人们远离我。在度过童年之后，我只想要一个人待着。

比起因为这些"不够男子气概"的情绪而感觉羞辱，很多男性会本能地、无意识地用愤怒来掩盖这些感受。甚至（身体的或心理的）疼痛也可能被愤怒掩盖。注意一下大多数男性在锤子误击拇指时的反应。他们通常会生气，而不是哭鼻子。大多数男人在面对感情上的危机时也会感到愤怒，而不是沮丧或歇斯底里。同样，这是对他们脆弱的自尊——掩盖内心深处感到自己能力不足和无能——的一种保护机制。

有时，我们甚至会有意识地使用愤怒。我在一个有酗酒者和虐待行为的家庭里长大。我清楚地记得在 12 岁的时候，我第一次发现如果我变得愤怒，就不用去感受"害怕"这种让人羞耻的情绪。用典型的幼稚少年方式，我告诉自己："这太棒了。我再也不会害怕了！"然而，这是一种愚蠢的想法，因为在成年后，我在相当多的时间里都处在愤怒之中。没有一个积极的男性榜样向我展示，一个男人应该怎样过生活，以及用一种健康的方式去处理他所遇到的问题，因此，我默认的回应就是随时发怒。以这样的方式生活真的很可怕。

原谅虐待我们的人

我一直在犹豫要不要提出这个话题,因为这对很多人来说都是非常痛苦的。坦白说,在我说出这些话时,它在我嘴里甚至都留下了一点不好的味道。但这是非常重要的,所以不能不讨论。我们需要考虑原谅虐待我们的人——这就是我要说的。当听到"原谅"这个词时,大多数遭受过虐待的人会想:"我为什么要原谅他们?""我完全没必要这么做。""是他们伤害了我。""他们不值得原谅!"这些想法是可以理解的,甚至可能是合乎情理的。但是,"原谅"可能是你能为自己做的最重要事情,对此的原因你要有所考虑。

原谅施虐者,其目的是否是为了让我们获得治愈并继续前行?心理健康行业和很多精神领域的主流观点会说:是的。但是,越来越多的心理学家和精神病学家会给出相反的意见。其中一部分问题在于,大多数施虐者不会改变。原谅那些仍在做出破坏行为的人,以及那些拒绝承认自己行为有错并为此做出弥补的人，似乎有些不合常理。通常，遭受过虐待的人会非常渴望至少和一方父母（甚至是做出虐待行为的一方）保持一些联系，他们一直在尝试从那位父母那里得到不一样的回应。不幸的是，奇迹不会发生，无论我们多么渴望情况发生转变。

原谅包括两个方面：放下怨恨以及放弃报复的需要。报复这一部分通常不是什么问题——放弃报复的需要是健康的，甚至可能是容易做到的。第一个部分是更难做到的。放下怨恨可能是非常难做到的，特别是在犯错一方不知悔改的情况下。但他们的道歉或行为的改变并不是原谅的关键。你原谅别人，是为了让这一过程给自己带来平静和治愈。

原谅的挑战之一，是我们必须小心不要让它变成一种对事实的否认："如果我原谅了你，我们就可以假装发生的事情并没有那么可怕。"有时候，人们急着去原谅他人，目的是为了避免痛苦的治疗工作。而且，在犯错一方从未为自己"罪行"负责的情况下，免除他们应为自己行为承担的责任，这样做可能弊大于利。你怎么能原谅醉醺醺地回到家，然后把你打得鼻青脸肿的父母，或是当你还是孩子时就强奸过你的父亲呢？原谅还可能会削弱你释放情绪的能力。当你已经原谅了父母时，你怎么还能对他们感到愤怒呢？于是这种愤怒就会被内化，指向我们自己，变得更加具有破坏性。接受指责是遭受虐待孩子的一种生存工具。克服这一点要做到的其中一项是,认识并接受谁该为你童年的痛苦负责。(注:你不用为你儿时遭受的虐待负任何责任。)如果你不这样做,你就会继续责怪自己,并继续为耻辱和内疚而内心挣扎。

那么,原谅对于治愈和改变你的生活是必要的吗?也许是的。当然,在这个问题上人们不会同意我的观点,但我相信的是,原谅是治愈和继续前行的基石。我相信应该原谅虐待我们的父母,但我也相信,重要的是原谅要在做了很多努力之后才能获得,而不是在一开始就出现,或者是成为对这些努力的替代。要明白,原谅并不意味着我们否认他人为此承担责任,或是为他们的行为进行辩护。

有时候,我们迫于在某种环境压力急于宽恕对方。这是一种精神虐待。受伤的人需要一个安全的地方来讲述他的故事。他需要有人与他立场一致,同情他,并为他感到愤怒。而不需要陈词滥调,比如"事出必有因"。

科学已经证明,原谅可能要比我们所了解的更加有益于我们的健康。根据相关研究报道,原谅他人可以降低血压、减轻压力和疲劳、改善睡眠,以及减轻抑郁的症状。当人们能够做到原谅时,他们就被赋予了力量。

医生们发现,拒绝原谅的病人通常不容易康复。作家迈克尔·巴里博士说："心里带着这些负面的情绪，这样的愤怒和仇恨，会造成一种慢性焦虑的状态。"他还说道："慢性焦虑很容易产生过量的肾上腺素和皮质醇，这两种物质会消耗人体对抗癌症的'步兵'，也就是自然杀手细胞的产生。"不原谅宽恕他人，会导致人们生病，并且一直无法康复。在所有的癌症患者中，有61%的患者有"原谅"问题。原谅疗法现在被认为是一种癌症的辅助治疗方法。

就我个人而言，我发现我至少需要做出一定程度的"原谅"，才能得到治愈并过上体面的生活。这不意味着我要免除父母的罪责，而是我对他们为什么以那样的方式行事多了一些理解，并且让我有了同情心，去接纳他们是作为受过伤害的人犯的错误。举例来说，我的继父是一个软弱并且在很多方面很反常的人。尽管他有种种缺点，但比起他自己的父亲，他是一个更好的男人和父亲了。他也不像他父亲那么爱虐待孩子。我开始意识到他的虐待与其说是出于恶意，不如说是出于无知。我真心怀疑他对过往经历可以造成他成年后行为的影响一无所知。他开始酗酒可能是为了接受自己，也可能是为了接受并容忍母亲。

我的母亲因为受童年虐待和乱伦的伤害而拥有了一个受伤的灵魂。不管出于什么原因，在她成年后，她选择用酒精进行自我治疗，而不是有勇气去面对她的创伤，并尝试通过心理咨询和药物来治愈这些创伤。这不是为她对我和我的兄弟姐妹所做的事情找借口，它让我们更能理解这一切了。但是，理解人们为什么会做出这样的事情，并不是说这些事就更容易被人接受了。不过，这确实让我在母亲生命的最后时刻有了怜悯之心，去帮助她优雅而有尊严地离开人世。

我原谅宽恕抚养我的父母，不是为了他们，而是为了我自己。背负着所有的苦涩和伤痛，会在许多层面上对我们自己产生伤害。而且坦白地说，你的父母（或者其他施虐者）可能并不在乎你是否原谅了他们。宽恕让我可以超越羞愧、内疚、愤怒和悲伤的情绪。愤怒和仇恨是只会伤害我们自己却不会伤害他人的毒药。如果你在生命中接受过宽恕，你也就有义务去宽恕别人。宽恕不是软弱，而是力量。它赋予我们可以掌控局面的力量，而不是让我们继续成为受害者。当你能开始原谅伤害你的人时，你会在通往康复的道路上走得很好。

原谅自己

我曾面临的最大挑战之一,是我无法原谅自己做的一些事情。这是一个巨大的包袱。这在生活的很多方面都妨碍了我,包括对孩子的养育。当我第一次做到宽恕时,我感到了一种解脱。我感觉好像心中一个巨洞被补上了,并且后背上沉重的包袱也被卸下了。

大多数有成长背景问题的人,都会在原谅自己这个问题上痛苦挣扎(可能很多没有成长背景问题的人也会在这个问题上痛苦挣扎)。让他们感到难过的事情,有些是合理的,有些是被人误导的,还有一些是那些本该爱我们的人制造的谎言。这些谎言在那些喜欢看我们陷入痛苦的力量驱使下,永远地留在了我们心里。

撒谎的人是邪恶的。他知道,在我们内心深处,我们是非常脆弱的,容易受到生活的伤害,所以哪怕是最轻的低语声也会让我们感到内疚,即便我们不应感到内疚。他知道我们最难原谅的人是我们自己。

要记住，你的过去不代表你的未来。一段糟糕的历史并不是你的命运。但是，如果我们不自爱，我们就很难去爱别人。原谅我们自己，其中一项挑战是，我们往往设定了过高的标准——我们要求自己尽善尽美。当我们达不到标准时，我们就会相信自己很糟糕，或是有不能挽救的缺陷。

我们在上文中讨论过，不原谅他人会给身体造成伤害。不原谅自己也是同样的。我们很少像对待别人那样从容地对待自己。原谅自己，意味着我们要意识到自己是不完美的。我们都会犯错，但错误不是一切——它们不能定义我们。我以前对自己要比对别人苛刻许多（尽管也有人说我对所有人都同样苛刻），但大多数人没能意识到的是，我对自己的自责比对任何人都多。

原谅他人和原谅自己都需要时间和付出努力。如果没有在生活中所获得原谅，我可能永远不会成功。事实上，你真的应当获得原谅。如果没有原谅，创伤会一直延续。当我们很难原谅自己时，我们也很难原谅别人（比如我们的配偶和孩子），而他们显然应当获得我们的原谅。

第 6 章
新的养育策略

我认为，夫妻之间持久忠诚的爱情，还有对孩子的养育，是所有人都渴望的，也是最高尚的行为。关于这方面的书籍并不多。

——尼古拉斯·斯帕克斯

作为父母，我们已经凭着有限的经验做到了最好。而且，在我们中间，没有人是专家。大多数父母都不是糟糕的父母，他们只是缺少一些养育的技巧。不幸的是，与那些在成长过程中有着积极榜样的人相比，我们这些在有虐待行为家庭长大的人，对健康养育的了解要少得多。造成这样的差异，部分原因是来自我们大脑的发育方式，而这与我们观察到的行为模式有关。

大脑由数以亿计的单细胞或神经元组成，这些细胞或神经元之间建立起了千万亿种连接。婴儿在刚出生时，大脑只发育了25%，这让它能适应不同的环境。因此，在充满爱心的父母养育下长大的孩子，和在充斥着家庭暴力、母亲吸毒的家庭中长大的孩子，他们的大脑发育情况是不同的。即使我们没有刻意记住这些童年经历，但我们的大脑仍然留有印记。大脑的首要工作是生存。如果生存受到威胁，大脑中除了帮助我们自我保护的功能外，其它的部位都会关闭。对于一个成长在充斥着暴力的家庭中的孩子来说，大脑中其他更高级别的功能区域会变小（因为缺乏使用），这会影响孩子学习和了解世界的能力，而不会影响通过对可能产生的伤害时刻保持警惕而生存下去的能力。好消息是，我们可以通过大量的积极强化和培养，来改善和发展大脑的这些部分。①

我们都会按照过去设定的程式行事，因此，改变我们的养育策略要做到的一点，是在我们发现自己处于这样的情形之前，就有意识地注意自己的养育。我还记得在我儿子很小时发生的一件非常糟糕的事情。有一天，我的妻子去逛街，我要负责照看儿子一整天。那真的是非常有压力的一天，我筋疲力尽。弗兰克开始哭了起来，而且不管我对他做什么，他都一直在他的婴儿床里放声大哭。我一刻也不得安宁。最后，我实在是黔驴技穷了，我走进屋子，从床上把他一把揪了起来，然后摇晃他，冲他生气地大喊："你能不能停一分钟！停一下！"他满是泪痕的小脸上露出了惊慌失措和极度恐惧的表情，这使我感到羞愧。他不知道我为什么心烦意乱，他只知道他完全依赖的那个人正在恐吓他。这件事的记忆直到今天还缠绕在我的心头。它不断地提醒着我，滥用"父母的力量"是多么容易的一件事。我意识到，作为一个年长、有经验的父亲，如果我在养育之前能有

---

① "Understanding and Helping Children Who Have Been Traumatized", Dave Ziegler。——作者注

意识地做些了解，而不是在情绪控制下做出反应，我就能避免类似这样具有潜在伤害性的事件发生。在那件事之后，我发誓要采取一切必要的措施去学习如何成为一个不一样的父母。

改变我们的生活，使我们的行为与在成长过程中所看到的行为不同，需要付出巨大的努力和持久的专注。为了实现这一目标，你还有很多事情要做。有些事情是凭你一人的力量无法完成的。然而，不论你被抚养长大的方式为何，通过我们在上文中所讨论的帮助和治疗，你都能成为一个了不起的父母。要记住——你的过去不会支配你的未来。下面是你在继续前行时需要考虑的几件事情。

重新设定我们的大脑

如果我们成长过程中没有好父母，那么我们自己想要成为好父母面临的挑战之一，是我们的大脑关于不同情形下进行思考以及行动的"设定"。你会发现，自己在某些具体情形下的第一回应方式，是在童年时就设定好的。通常，你无法选择自己该如何回应——我们中的很多人都有所谓的"冲动控制障碍"。举例来说,成长在一个有酗酒者的家庭,一声突然巨响,肯定会激起一位宿醉父母非常愤怒(如果不是暴力的话)的回应。因此,我被设定了以过度发达的"战斗或逃跑"反应去回应令人惊吓的噪音。在我成年之后,因为表现出害怕是不可接受的,所以直到今天,我对巨大噪音的回应都是愤怒(战斗)。尽管我很了解这一点,也向我的孩子们解释了这种反应方式的由来,但这并不是回应生活中会经常发生情形的健康方式。当受到惊吓时,我会有冲动控制障碍。很多年来,我都在努力控制自己做出这种反应的冲动。碰巧的是,我的孩子在这些年里发现,悄悄靠近爸爸,大吼一声把他吓一跳,是个非常好玩的游戏。

我们为什么会以这种方式做出反应?我们都曾向自己发誓,永远不要像父母那样说话或做事,但之后我们会发现,自己在有压力的时候,就会说出那样的话或做出那样的事。以下是对我们大脑中发生情形,以及我们该怎样改变它的一个简要说明。

你的大脑由数以亿计的神经元组成。每个神经元都有树突,树突可能与其他成千上万个神经元相连,在神经元之间传递电脉冲(交流)。当一种特定的连接被使用了足够多次数时(例如,驾驶汽车),它就会发展出你在这些特定情形下使用的神经通路。这些被经常用到的通路最终会发展出一层脂肪,这层脂肪被称为髓鞘，它能让这些通路以更快的速度运转。这一串会触发电连接的神经元会引导神经系统采取行动。神经系统通过产生神经递质（例如血清素、多巴胺和去甲肾上腺素）做出反应，神经递质可以让每个神经元的信息跃过它们之间的突触间隙，然后将信息传递给另一个神经元。在一项特定活动中发展出足够成熟的通路，它就会变成第二天性（就像骑自行车——我们甚至不需要对其进行考虑）。慢慢地，我们的大脑会由此被设定一种特定的方式。① 这就是为什么我们能开着车从公司上高速路然后回到家，而我们自己都不用刻意对此进行思考。又或者我们在冲完澡后，不假思索就会把自己的身体擦干。事实上，你可以试试有意识地去思考怎么擦干身体（或者改变你做事的顺序），看看会发生什么——情形会非常尴尬。

这是对于大脑如何工作的一个简要并且有些过于简单的解释。但我想说的是，我们在童年时学会了各种生存技能。在那种情境下，我们的大脑"连接"到了生存。尤其是在遭受虐待的情况下，我们的大脑被设定以特定的方式回应各种刺激，可一旦我们不再处于压力或危险的环境中时，这些方式可能就不再适用了。在之前关于创伤后应激障碍的讨论中，我们看到了

---

① *Healing the Angry Brain*, Ronald Potter-Efron, 2012。——作者注

大脑中的感官是如何寻找威胁——这个威胁可能是真实的，也可能只是察觉到的——并命令神经递质采取行动。如果这是一种主观感知的（不是真实的）威胁，和童年发生的某些事情相似，我们最终可能会做出不恰当的行为。不幸的是，对于来自有虐待行为家庭的人来说，他们的危险探测器通常有过于活跃的警告系统。它警告的次数过于频繁，警告的强度也过于强烈。这就意味着任何不明朗、感觉类似威胁的事情，都可能被看作是一场灾难。

有一个例子，在我小的时候，不管出于什么原因，只要牛奶洒在餐桌上就会引发剧烈的反应。如果桌旁坐了4个小孩子，你可以想象得到，到处都会是洒出来的牛奶。后来我发现，在我有了小孩，他们把牛奶洒出来时，在我的内心也会激起同样强烈的恐惧反应。我必须重新设定我的大脑：当牛奶洒出来的时候，不要做出像我父母那样的反应。这是一种瞬间无意识的反应，不是那种很容易就能被自我训练掌控的反应。我们的肾上腺素会激增，甚至我们都还不知道发生了什么事。如果我们没有找到重新设定大脑的方法，我们很可能会把这些功能失调并且有伤害性的设定传递给我们的孩子。我至少取得了阶段性的胜利，因为我如今已经成年的孩子认为这件事很有趣，他们每次来看望我时，都会用"洒出的牛奶"让我感到悲痛。

这是否意味着，这些神经通路一旦在我们的大脑中建立，我们在之后的生活中就会受制于此呢？好吧，是，也不是。这些通路不会自行消失，尽管随着被激活的次数减少它们会减弱（再次以骑自行车为例——我们永远不会忘记怎样骑自行车，我们只是在长时间不骑后变得有些生疏）。但好消息是，我们能创造新的通路。事实上，在我们的大脑中创造新的思考模式，比摒弃旧模式要更加容易（重新训练自己不会骑自行车真的太难了）。虽然改变我们大脑的模式并不容易，但由于大脑的可塑性，这是可行的。这就是所谓的神经可塑性——大脑那令人惊讶并能持续一生的能力：改变神经元相互作用的方式。

那么，我们如何改变破坏性的思维模式，转而创造出积极的思维模式呢？我们使用大脑中神经元的频率越高，它们就会把越多的其他神经元连接在一起，由此创建神经通路。正如我们在上文中看到的，这些通路被使用的次数越多，它们就越有可能发展成为模式或习惯。从现实的角度来看，是什么样的呢？假设你的父母经常辱骂你，总是发脾气，并且对你和其他人都很苛刻，那不出意料的话，你长大后也会发脾气，并对周围的人苛刻。但是现在你已经为人父母了，你希望你的孩子对自己的感觉要比你对自己的感觉好一些。你不想用父母对待你的方式来对待你的孩子，不想把这些特质传递给他们。你下定决心要做的事情，是一有机会就给孩子表扬，而不是总挑毛病。每天早上要提醒自己，多表扬孩子，并给他们积极的反馈，然后每天这样做几次。渐渐地，这会变得越来越容易，而令人惊讶的是，对别人苛刻也会变得越来越难。到最后，你甚至不用再去想这件事情。恭喜你！你已经在你的大脑中创建了新的神经连接和网络。

一开始，发展这些连接是困难而缓慢的，但随着使用和练习，这些连接会变得更加牢固，并且"触发"也会更加顺利和迅速。想想你第一次开始学习演奏乐器时的情形。起初是很痛苦的，又缓慢又困难。但是随着时间过去，你演奏得越来越好（因为你大脑中形成了模式），然后演奏乐器这件事开始变得容易起来，并且你会变得越来越熟练。有时，当事情在突然间变得豁然开朗时，你甚至会发出一声："啊哈！"我在从事体育运动时有过这样的体验，前一分钟我还不擅长一项技能，但似乎过了一会儿我就变成了这方面的专家。当然，在这两个阶段之间会有很多练习，但这就是我们在大脑中建立神经网络的方式。不幸的是，由于某种原因，这一理论似乎不适用于高尔夫运动。

你也可以这么做。你可以在大脑中重新设定新的神经网络，以取代旧的模式。一切开始于你想要拥有不同做法的念头。这一念头会让你反思自己的行为。接下来，这会让你反复去改变那些你不喜欢的行为，或是建立新的行为。你每一天都会做出这些新的行为。（注意：仅仅想要停止旧的行为是不够的，你头脑中必须要有一种替换它的积极行为。）行为的改变会慢慢重塑你的神经网络，直到你的神经网络更偏向于你的新思维方式时为止。最后，它们变成了行事准则，而不是例外的行为，你会发现你已改变了自己的行为方式——你重新设定（或重新训练）了你的大脑。你可以在生活的很多方面做出这样的改变。

下面是一个朋友的讲述，她如何帮助自己"重新设定"了大脑中的负面影响：

我的父亲有一种"阿奇·邦克"①式的思维方式。他嗓门很大，偏执，脾气暴躁，对妻子极不尊重。他非常固执己见，喜欢挑选话题来证明和说服自己的观点，总的说来，他喜欢争论。他的自尊心非常脆弱，如果受到任何批评，他常常会感到被冒犯、沮丧和生气。每当我重演父亲曾经的一种行为或话语时，我都会制定一个计划，以便能用更加健康的方式来处理这种情形。比如有一次，我3岁的女儿在商店里大发脾气，我抓住她

---

① 阿奇·邦克是20世纪70年代美国电视情景喜剧 All in the Family（《全家福》）中的一个虚构人物。他性情粗暴，盛气凌人，对很多人都持有偏见。——译者注

的手，面对着她，问道："你怎么了？不要再哭了，赶紧停下来，不然我就让你哭个够！"回想起来，我真是痛恨自己那时的做法！这就是我父亲对我说了一辈子的话，对我做了一辈子的事。我写了一个健康方式的计划，以备在下次发生这样的事情时使用。我每天都会读几遍，并把它放在钱包里，以便我能随时做好准备。最后，我进行了很多次的练习，因为3岁的孩子会经常发脾气。在我刚成年的那几年，每经历一个充满压力的新阶段，我父亲曾经说过的话和做出的行为都会在我身上显现出来。我必须不断地制定计划，并做出新的反应。伴随时间推移，在我的努力下，父亲式的"本能反应"减少了，慢慢地，不常出现了，最终消失不见了。

但是要明白，重新训练你的大脑需要有奉献精神，还需要大量的重复。你不能抱着"半途而废"的心态去做这件事情，你必须全身心投入。就像尝试戒烟或从药物滥用中恢复一样，半途而废是什么都做不成的。如果不把它视为首要任务，你就看不到太多的成果。此外，改变需要时间和努力。你的大脑用一生时间形成了一些旧模式，你无法在一夕之间就改变它们。我正在努力戒掉吃糖，我吃糖的时间已经有50多年了。改变我大脑中那些旧的模式是极其困难的（尤其是在我没有全力以赴的时候）。

改变你的思维过程是困难的，这需要时间。但是，为了对你的行为做出持续一生的改变，重新设定你的大脑是唯一的方法。一旦做到了这一点，你就迈出了"打破家族中世代相传的负面代际循环"这一大步。在没有好父母的情况下，这无疑是使自己成为了不起父母的好方法！

决定的做出和下意识的偏见

我们还必须意识到，我们是如何在无意识的情况下被设定程式，尤其是关于我们做出决定的过程。正如我在前面提到的，在我们的生活中，成年人在我们小时候说的话是很有分量的。这些话会一直伴随我们，我们也很相信别人对我们说的话，即使这些话可能不是真的。这就导致我们基于错误的假设去做出决定。

"启发"说的是学习会受到我们的经验和试错法的影响，这会缩短我们的学习过程，并让我们（或迫使我们）找到更快的解决办法。有时这是好的，有时又不是那么好。与此相关的一个例子是"语言暗示"。通过对人们使用特定的词语或提示，你就能引导他们做出特定的选择或者以特定的方式行事。举个例子，如果你对一群人用"宾果游戏""度假胜地"或"老式的"这样的词语，他们走出房间的速度会比走进房间的速度慢一些。在一场测试前，如果你在一句话里用到像"成功""掌控"或"达成"这样的词语，参加测试的人们在测试中会表现得更好。这也适用于消极的定式思维。布鲁克斯说："如果你在考试前，提醒非裔美国学生说他们是非裔美国人，他们的分数会比你没有提醒他们的时候低很多。同样，在数学考试前提醒亚裔美国人说他们是亚裔美国人，他们会考得更好。如果在数学考试前提醒考生她们是女性，她们则会考得糟一些。"

想象一下，如果在我们成长过程中，人们与我们交谈或者谈论我们时，用了"毫无价值""愚蠢"或"失败者"这样的词，我们会做出什么样下意识的决定和选择。这会对我们对待生活的方式和取得什么样的成功产生怎样的影响？这些词无疑会在我们心中造成下意识的偏见，可能会导致我们以自毁或是有局限性的方式行事。

启发涉及的另一个词是"标的物"。这方面的一个例子是，商店会通过影响我们赋予商品价值来操控我们的选择。举例来说，当周围都是 9 美元一瓶的红酒时，一瓶 30 美元的红酒可能显得很昂贵，但是如果周围都是149美元的红酒，那30美元的红酒就显得便宜些了（这就是为什么葡萄酒店会囤积那些几乎没人会实际购买的超级昂贵的葡萄酒的原因）。

对于遭受过虐待的人来说，造成的影响之一是他们觉得自己没有价值——他们不看重自己。这通常也会导致其他人对他们的重视程度降低。通过把自身与父母（或其他施虐者）所铸就的关于我们的不实形象做对比，我们明显低估了自己生命的价值。这就是为什么我们要与健康的人（他们更加看重自己）交往，而不是与受过伤害的人（他们可能低估自己）交往的另一个原因。通过参照，我们对自己的感觉会变得更好。如果我们对自己感觉更好，我们的孩子对他们自己的感觉也会更好。

还有一个概念是"参照认识"。它指的是决策会受环境的影响。在这种情形下，思维模式与其他事物相联系，并在与其他事物的比较中得出判断。"如果一个外科医生告诉他的病人，一种手术可能会有15%的失败率，他们可能会决定不接受手术。如果他告诉他们，这种手术有85%的成功率，他们往往会选择接受手术。如果一位顾客在商店里看到货架上放着他喜欢的汤罐头，他可能会在购物车里放一两罐，但是如果有个标识写着：'限购：每位顾客最多买12罐'，他就可能会在购物车里放四五罐。"

那些被迫将注意力只放在自己和生活的消极一面的人们，可能会基于那些不实际的假设来做出自己的决定。这还会造成伤害和自我摧残式的行为，随后还会让我们对自己和生活的感觉更糟。

"期望"在人们如何做回应上也发挥着重要作用。所以，多年来医生们一直在运用"安慰剂效应"。如果你告诉某人，一种护手霜可以减轻疼痛，那么即使这种护手霜只是普通的护手霜，他们也会觉得疼痛减轻了。这也是为什么人们坚信知名品牌的产品，比如止痛药，比普通品牌更有效。事实是，他们对一件事情付出的越多，在意识中他们就会对结果抱有更高的期望。

如果我们抱有着这样的期望：每次我们尝试一些事情时，我们都会失败或者被取笑，我们最终就不会再尝试新鲜事物。作为父母，我们仅仅以一些事作参考，就对我们的孩子设定了成功或失败的期望。"你会做得很棒！我喜欢你有勇气尝试新事物"这样的话传递的信息，和"不会有什么让我激动的结果，你从来都不擅长做这样的事"所传递的信息是完全不同的。我们的孩子往往会辜负或者不辜负我们对其抱有的期望。设定的期望太高，他们可能始终无法达成，如果对他们的期望没有那么高，或者不设定任何期望，他们反而会做得更好，他们还会对自己产生更高的期望。

错误的认知

许多遭受过虐待的人对生活、人际关系和养育子女等方面都有着错误的认知，这是可以理解的。例如，遭受虐待的人往往会混淆爱和虐待。我知道有些人（无论他们是否承认）不认为他们应该得到爱和尊重。还有一些人会继续保持或寻找有虐待行为的人际关系。他们可能会说，他们想拥有健康的人际关系，但是他们的行为和决定比他们的话语更响亮。

因为来自有毒的家庭，所以我们可能会在我们作为父母应该扮演什么角色、承担什么责任这件事上有错误的认知，尤其是当我们突然发现自己成为了父母，但觉得自己仍是个孩子的时候。在我们对这些错误认知有所认识之前，我们会一直保持这些认知，并伤害我们自己和所在意的人。这是很危险的。因为有研究证明，遭受过虐待的父母，更有可能虐待自己的孩子。

> **父母的职责**
>
> - 父母必须满足孩子的物质需求
> - 父母必须保护孩子不受身体的伤害
> - 父母必须满足孩子对爱、关注和情感的需要
> - 父母必须保护孩子不受情感上的伤害
> - 父母必须为孩子提供道德和伦理的指导

我们可能还会有一种错误的认知：如果不是身体上的虐待，那就算不上真正的虐待。虐待有很多种不同的形式。认识不到自己遭受过虐待，就只会延缓对我们创伤的治愈。当我们没有认识到虐待是什么的时候，我们就会冒着让我们的孩子遭受这种虐待的风险。我妈妈就曾经说过，她从来没有虐待过我们，因为她从来没有把我们打到流血的地步（她也坚称自己不是酗酒者，因为她只喝啤酒）。我很肯定，她相信事实就是如此。

下面是那些有虐待儿童可能的人会表现出的一些常见错误认知。看看它们是不是很熟悉：

- 父母对孩子抱有不切实际的期望。研究发现，具有虐待

儿童可能的父母会期望和要求他们的婴儿和孩子做出不适龄的行为。这些父母对孩子的期望非常不合理（比如，期望一个6个月大的孩子完成如厕训练）。他们对孩子抱有无法达成的期待。这主要是因为父母缺乏儿童早期发育的相关知识，并且对自己的童年经历也缺乏了解。

•缺乏同理心。具有虐待儿童可能的父母拥有的第二个共同特征，就是他们不能感同身受地了解自己孩子的需求。一个人越多接触和感受自己的情绪，他就越能识别出他人的感受。不幸的是，作为一种生存机制，许多遭受过虐待的父母"关闭"了他们的感受，这会导致他们忽视孩子的情感需求。

•重视体罚。具有虐待儿童可能的父母对体罚的重要性深信不疑。这些人坚信父母不应该对孩子"屈服"，而且必须定期告诉孩子"谁才是头儿"。遭受过虐待的父母从他们孩子身上找出的很多问题，反映的都是他们自己在儿时为此受到过批评和惩罚的问题，而且这种惩罚得到了传统家庭权威的认可。

如果你有任何上面提到的关于养育的错误认知，我都强烈建议你向一位取得资格认证的专业心理咨询师寻求建议。尽管这些心态在当时可能看起来是合理而正确的，但它们都是错误的，需要进行纠正。

许多遭受过虐待的人会认为他们遭受虐待是应该的,因为他很糟糕,这个结论实在太可怕了;但对孩子而言更可怕的是,相信父母是不爱他们的坏人。让我重申一遍:你不是坏人。你遭受虐待不是你的错,而且你不应该受到虐待。要记住,如果有人伤害你,那是他们有问题,不是你有问题。正常人不会到处去伤害别人,好吗?

克服我们的恐惧

在我有孩子之前,我最大的恐惧之一,是我会"毁掉"我的孩子。我特别担心我会有个儿子,因为我知道,毁掉他对我而言是多么容易的事情。我对自己非常苛刻,所以我可以想象对一个小男孩我会多么苛刻。我一直等到30岁时才有了第一个孩子,主要是因为我当时在生活中还相当爱发脾气。我希望如果等得足够久,我就能以某种神奇的方式从我的痛苦和愤怒中"成长"起来。但这并没有发生,不过这确实给了我足够的时间去反思自己的行为,从而理解为什么我会有那样的感受并做出那样的行为。这还让我通过心理咨询开始了治愈的过程。

所有人都害怕同样的事：拒绝和遗弃，甚至那些拥有美好童年的人也是如此。每个人都想要获得接纳、称赞和爱。但是当我们被父母拒绝（通过言语或行为）时，这尤其令人痛心。恐惧会阻止我们去爱别人，因为我们害怕他们会拒绝我们。别让你的恐惧支配你的生活。你的伴侣和孩子为什么会以你父母的方式行事，这并没有合乎逻辑的理由。人已不同，环境也已不同。不要让"每个人都会像你父母那样背叛你"这样的错误认知，阻止你去爱那些值得爱的人并接受他们的爱。当你带着这样的错误认知行事时，你就是在伤害着他们，同时也在伤害你自己。冒着再次受伤的危险需要勇气，但我相信你能做到。

我们的恐惧是阻碍我们拥有美好生活的最主要因素。恐惧使我们麻痹，让我们不能去尝试新鲜事物和令人兴奋的事情。恐惧让我们无法过上有价值的生活。

突破不健康的养育行为

尤其是对于我们这些要么有完美主义倾向要么有控制问题的人来说,养育孩子这件事会让我们在有效养育这个问题上显得捉襟见肘。一些不健康的行为,包括直升机式养育,要么过于娇纵,要么过于严格。下面是一些常见的不健康的养育风格①。要注意,如果你有其中任何一种趋势,就去寻求帮助,要纠正它们。

直升机式父母是那些总是出现在孩子生活中,从不让他们失败的父母。他们会事无巨细地管理孩子的生活,从不允许孩子自己掌控日程安排,也不允许孩子自己掌控学习、体育运动和生活。这会对孩子造成巨大的伤害,因为孩子们无法认识到坚毅的可贵。失败了,站起来,再试一次,直到我们成功,这

---

① "How to Fix Parenting Styles Which May Damage Your Kids", HowtoLearn. com, 2011 年。——作者注

不仅是最好的老师，还能帮助孩子培养健康的自尊。从来没有经历过失败的孩子学不到任何东西。没有尝试过失败的结果，就无法学会负责任——这是在生活中取得成功的必要条件。这些父母早在自己童年时，就存在控制方面的问题。

卡拉OK式父母是那种不会向孩子明确界限和限制的父母。比起得到孩子的尊重，他们更在意的是得到孩子的喜爱。这样的孩子无法培养出安全感和健康的自尊。孩子需要的是可以尊重和敬仰的父母，而不是可以成为朋友的父母。这些父母在情感上可能存在着不安全感。

干洗店式父母不会给孩子提供适当的指导或是面对面的交流时间。他们放弃了父母的责任，没能与孩子们建立起情感连接。这些父母往往以自我为中心，或对自己的孩子漠不关心，或觉得自己无法胜任"与孩子相处"这项任务。

火山式父母仍然保留着他们过去未曾实现的梦想，并试图通过孩子来帮助实现自己的梦想。我们都知道关于少年棒球联盟的爸爸试图通过儿子重温自己的光辉岁月，或者选美皇后妈妈试图通过女儿重拾多年前自己放弃的梦想的故事。这些父母通常背负着他们在过去没有处理掉的包袱。像往常一样，如果父母有更好的成长机会，孩子也会有更好的成长机会。

辍学式父母在解决他们遗留的问题或者给孩子提供所需的

指导上，并没有提供一个健康的榜样。这些父母从生孩子的时候开始，就不够成熟，并且没有为父母的这份责任做好准备。不幸的是，这些父母的孩子到最后还是没有为如何走入社会做好准备。

受欺凌式父母在引导固执的孩子时缺乏勇气和力量。他们的孩子不会受父母领导，因为他们的个性比父母强。这些父母缺乏"选择他们的战斗"和不顺从孩子的毅力。

追星族式父母没有意识到他们的孩子需要的是引领者，而不是仆人。他们把太多的时间和注意力花在孩子身上，无论什么事都不拒绝孩子。这会让孩子的自尊上升到一个不健康的水平。这些父母需要认识到，爱你的孩子意味着要把孩子当作一个正常人来对待，而不是一个明星。他们要学会在什么时候说"不"，并帮助孩子明白他们不是宇宙中心。否则，这些父母就可能培养出自恋的孩子。

突击队员式父母的注意力都放在让孩子听话和表现完美上。他们的孩子生活在焦虑、沮丧和疲惫中，为的是试着达到这些富有战斗精神人士的期望。这些父母觉得他们的名声都反映在孩子的表现上。

求生式父母来自有虐待行为的家庭，他们经常通过走向另一个极端，溺爱或是过于娇纵他们孩子，又因此重建了家庭中的功能失调。这么做，通常是为了让孩子尽可能地远离虐待，然而，在两个方向走到极端时都是虐待。

如果你认识到在你的养育风格中存在了上面提到的任何一种模式，我鼓励你去参加一些养育课堂，读一些书，或者寻找互助小组以帮助你了解正在发生着什么。为人父母的好处是：成为更好的父母，在什么时候开始都不算晚。

孩子需要什么，为什么需要

想成功抚养孩子长大，我们能做的最好的事情之一，是建立养育惯例。日常惯例的可预测性能帮助孩子知道，世界是一个安全的地方，他们在学习和成长过程中无需有任何恐惧。因为惯例是大多数遭受过虐待的人所欠缺的，因此让我们来看看在你孩子的生活中如何做到这几点的一些方法。

> **如何帮助你的孩子茁壮成长**
>
> - 满足他们的日常需求（食物、安全、养育等）
> - 提供安全保障
> - 给他们爱和拥抱（搂抱、拥抱、亲吻等）
> - 称赞孩子
> - 对他们微笑
> - 和他们交谈（经常交谈）
> - 倾听他们
> - 教授他们新东西
> - 培养他们的情感
> - 奖励他们（正面强化）

孩子在生活中需要安全感。安全感是儿童感到安全并能茁壮成长的必要条件。这意味着父母要满足孩子对住所、食物、衣服、医疗和免受伤害的需求。孩子们需要知道他们可以依靠父母。成为可以被信赖的父母，创造稳定的家庭生活，对于养育健康的孩子来说是非常重要的。

稳定也是很重要的。其中包括稳定的家庭，以及没有太多混乱状况的大家庭。成为大团体的一分子也能带来一种归属感。

如果发生例如离婚、失业或生病这样的事情，要尽量减少它对生活造成的破坏。

孩子得到父母怎样的照料，会对他日后过上怎样的生活产生很大的影响。例如，仅仅通过观察一个孩子在42个月的时间里获得护理的质量，研究者就能以77%的准确率预测出哪些孩子会在高中时辍学。

要确保你的孩子为未来得到了最好的教育。这既包括学校的教育，也包括通过和父母共度美好时光而收获宝贵的人生课程。那些战胜虐待问题和贫困的人在与我交流时都提到，教育是他们取得成功的最重要因素。

结构认知对孩子来说是必不可少的。规则、界限和限制会给他们带来一种安全感。如果没有这些，孩子们会被迫快速成长，并不再尊重他们生活中的成年人。不知道界限在哪里的孩子（甚至是很小的孩子），经常会采取行动去努力找出界限在哪里。

当然，孩子们最需要的是爱。如果可能的话，就去无条件地爱自己的孩子，不要在这份爱中掺任何杂质。爱会弥补我们作为父母所犯的很多错误。我们的孩子不期望我们是完美的，但他们期望我们能尽我们最大的努力，并且永不放弃。

第 7 章
好孩子，坏孩子

当一个孩子打了一个成年人时，我们称之为敌意。当一个成年人打了一个成年人时，我们称之为攻击。当一个成年人打一个孩子时，我们称之为管教。

——海姆·G. 吉诺特

许多父母，尤其是来自功能失调家庭的父母，往往觉得孩子做的选择是对自己的一种反映。如果孩子最终考上了常春藤盟校，找到一份体面的工作，婚姻美满，有了漂亮乖巧的孩子，我们会对自己作为父母的付出感到自豪。但是，如果他们辍学，吸毒，没能拥有一份工作，我们就会认为自己是失败的父母。当然，在一定程度上，我们的养育方式确实会影响孩子的选择。但是，重要的是要记得，就像上帝给了我们每个人自由意志一样，他也给了我们孩子自由意志。这意味着他们可以做出自己的选择，而无论他们得到怎样的养育。这就是为什么优秀的父母会有叛逆、做出糟糕选择的孩子，而糟糕的父母会有表现出色的孩子。孩子们做的糟糕决定不一定是对你的反映。这也就是说，如果我们不把孩子做出糟糕决定的责任归结到自己身上，那么，也许我们也不应该那么快地把孩子做出明智选择的功劳归到自己头上。

成长过程中有虐待经历的人要面对的挑战之一，是理解如何用健康方式管教自己的孩子。因为我们往往会效仿照料者在我们小时候做的事情，这就给有虐待经历的父母带来了很多问题,尤其是没有从童年创伤中获得治愈的父母。矫正行为是养育孩子非常重要的一个方面。如果做对了,它有助于培养出健康、快乐和成功的人,但如果做得不对,它会在孩子的童年和以后的人生道路上留下很多问题。

下面是一些关于管教孩子的观点,我发现它对改变我在儿时学到的行为模式有很大帮助。

管教与惩罚

和我的很多同龄人一样,我生长在一个用大量体罚来规范孩子行为的家庭里。体罚的问题在于,就其本质而言,它经常在父母愤怒时上演,但这种情形下永远不是教导的好时机。体罚不仅伤害孩子,还会伤害父母,以及父母与孩子之间的关系。我已经认识到,管教而不惩罚,才是养育孩子的更好方式。

我也承认,我在这些年里已改变了对这一问题的态度。作为一个年轻的父亲,我过去相信,既然父母对我使用过惩罚,并且我现在也挺好,那对我的孩子来说,惩罚也是没有问题的。

这并不是说我们的孩子要遭受很多次打屁股的惩罚，但我也不是那些认为"任何打屁股都是虐待"理念的拥护者。我在这个存在争议问题上改变看法是出于以下几个原因。

我相信我们所有人都想要养育出健康的孩子。我们用到的方法之一，是教给他们如何能过上成功生活的方法。教会他们为他人着想、有同情心、举止得当、尊重他人等等，这些是他们需要学会的品质。不幸的是，孩子们经常不愿意学习这些品质，所以我们不得不鼓励他们。我们可以通过管教或惩罚来"鼓励"他们。

管教的目的是教，而不是惩罚。惩罚常常是在愤怒中进行的，而我们却很少在愤怒中进行管教。惩罚是你对孩子做了什么，管教是你为孩子做了什么。管教是用逻辑和一个经过深思熟虑的计划来教导孩子，惩罚的本质是造成痛苦，目的是让一个孩子以后想要避免这种行为造成的后果。这不是说，孩子在做出有生命危险的事情时，不应该记住屁股上挨的巴掌并在以后避免这种行为——就好像你和盛气凌人的人顶嘴，鼻子上挨了一拳，在短期内你不太可能再尝试这样做。而且，学步期的孩子可能是极其叛逆的。作为爸爸，我总是在想，孩子们应该尽快明白，虽然狮子先生（也就是我）很好，但是不尊重他也是有点儿危险的。不过，总的来说，管教孩子更好的方法是把出现的情形当作是一次教导，而不是一个施加痛苦的机会。①

最近，我在网上看了一个视频，一名中东男子用皮带殴打他的成年男性奴隶。这看上去太凶残了，让我感到一阵阵地反胃。但这和我小时候被用皮带打屁股的经历没有什么不同。也许，如果我们每个人都被迫去观看自己打孩子的过程，我们就会去寻找其他管教孩子的方法了。

我们经常能听到"不打不成器"这句话，它总是用在纠正孩子的时候。通常，这意味着如果你不打孩子，那他们最后就会成为被宠坏的淘气鬼。而且，没有得到健康方式管教的孩子，往往会变成让人无法忍受的小怪物。但是，当写下"不打不成器"这样的话时，"棍棒"就变成了父母手中的工具，其目的是为了引导孩子（或者甚至是拯救他们），而不是对他们施加痛苦。

管教与惩罚的区别

虽然管教和惩罚可能有相似的目标（管理和改善一个孩子的行为），但所使用的方法和给孩子留下的印象是有很大不同的。

---

① Gleaned from Foundations Training for Caregivers: Session 5—Behavior Management, Oregon Dept. of Human Services. ——作者注

管教	惩罚
在事情发生之前、之中和之后使用	只在事情发生之后使用
教导	强迫
以孩子的发展和做出改变的能力为基础	否定孩子做出改变的能力
尊重孩子	不尊重孩子
教导孩子	给孩子造成痛苦
教给孩子内在自我控制	通过外部控制管理孩子
建立信任	留下怨恨
懊悔的愤怒	报复的愤怒
提升孩子的自尊	贬损孩子的自尊
父母感到满意	父母（有可能会）感到内疚

此外，人们掌控决策和冲动控制的那部分大脑（前额叶皮层），在孩子到 20 多岁时才能发育成熟。因此，惩罚可能会适得其反，孩子们有时候可能会做出一些错误决定，即使他们的意图并非如此。但是，通过运用积极正面的管教技能，你的孩子会自动学着遵照这些技能去做，无论他们的大脑发展到什么

程度。比起消极或有伤害性的后果，积极的奖励是一种非常有效的学习和激励方式。虽然惩罚带来的恐惧可能是一种激励的情绪，但在孩子成长到比父母强大之后，它就不再管用了。健康的管教会教给孩子受用一生的经验。

运用管教

但那并不意味着孩子不需要指导、限制和界限。事实上，孩子们是需要限制的——这对健康成长来说是非常必要的。斯坦利·库珀·史密斯在1967年进行的一项研究显示[1]，给孩子设立规则和限制最多的父母，他们的孩子拥有最高的自尊，而给孩子自由最多的父母，他们的孩子拥有最低的自尊。那么，该如何运用管教（与惩罚相对）来帮我们给孩子设立健康的限制呢？

首先，要理解，如果你在孩子小的时候（刚学走路的时候）

---

[1] "Why You Should Parent Like a Video Game", Brett and Kay McKay, Art of Manliness, 2014。——作者注

运用前后一致的管教，这会让之后的管教变得容易一些。要确保他们清楚地了解家里的规则。在这个阶段，你必须向孩子们提供很多的指导，并不断地训练他们。在孩子还小时，教他们听你的话，服从你的命令，这样在他们长大一些后，你就可以放松这些规则。但是这需要你在他们小时候做大量的工作。

所有形式的管教都有一些需要我们遵循的共同要素：

1. 保持一致性和公平性。相对建立信任和帮助孩子了解你的期望而言，一致性是非常重要的。如果你总在改变规则，你就不能期望孩子知道规则是什么。
2. 为每一种错误行为运用恰当的后果。
3. 与你的配偶保持统一战线。
4. 多赞扬，少纠正。避免长篇大论的说教。
5. 根据孩子的秉性调整管教方式。
6. 了解孩子在不同年龄经历的不同发展阶段。

在考虑对孩子的行为施加管教时，要考虑以下几个因素来决定实施何种程度的管教：

• 这种行为是典型的行为，还是发育过程中的正常行为？

两岁的孩子会时不时地表现出这一年龄的典型行为，无论他平时表现得有多么好。

· 这种行为是否在特定的时间或场合出现？如果一个孩子只是在吃饭前才表现得不好或是发脾气，那他可能有血糖水平或是其他问题。

· 考虑以下问题：孩子为什么会这样做？这是别的孩子也会有的典型行为，还是只是你的孩子才有的行为？这种行为危险吗，具有破坏性或是不合法吗？（当然，与违反家庭规则相比，这三种情况中的任何一种都会引起强烈得多的反应。）这种行为的长期后果是什么？

· 最后，保持冷静，并挑选你要参与的战斗。不是每件事都值得发起成一场全面的战争。如果每一场战斗你都针锋相对，你最终会输掉整场战争。

一个能有效改变孩子行为的策略，是让孩子参与到后果的设定中来。这听上去有些不合常理，但它却是令人意外的有效。当设立或讨论一项家庭规则时，可以在"如果孩子做出不当行为应有什么后果"这件事上听听孩子的意见。如果你还没有想出一个后果，那可以问问孩子，他们认为公平和合理的办法是什么。这并不是说你作为父母不能决定后果，不过，这至少能帮助孩子掌控这一过程,并接纳这一过程。没有这种接纳,孩子们会觉得他们无法掌控自己所处的环境,而我们所有人都想要掌控自己的生活。

我们也应该为健康的管教设立几个目标。第一个目标是在父母和孩子之间建立信任。信任是所有人际关系的基础。对人缺乏信任,会抑制人们培养道德感的能力。你一旦开始管教孩子,就不要对此耿耿于怀。过往会被翻过,你会重新开始——有点像在我们犯了错,请求原谅时,对方对我们没有看法,并把这些事情都抛在脑后。

第二个目标是给孩子树立自尊心。如果我们太频繁地惩罚孩子,他们就会开始相信自己毫无价值,并且没有能力去做个好孩子。作为父亲,我们需要改变行为背后的信念,而不仅仅是改变行为。如果你的孩子确信自己没有能力成为一个优秀的人,我们怎么管教都没有用,他们仍然不会改变这样的认知——任何改变都只是暂时的。孩子对自己的认知是他们态度、动机和行为的关键。如果他们相信自己能做到这些事情,他们就能做到。如果他们相信自己做不到,那他们甚至都不会进行尝试。每个人都是有价值的,而那些坚信自己没有价值的人往往会表现得好像自己真的毫无价值。

下一个目标是教给孩子新的行为。成年人对自己不知道的事情全无了解,我们的孩子也是如此。一个孩子从未接触过某种情况,或者不了解(或者因为年龄太小而不清楚)一种新环境的规则,那我们就不能期望孩子知道该怎么做或知道界限在哪儿。父母的部分工作是教会孩子如何成功地生活。犯错误是学习的好时机。学习是分阶段的,理解这一点也是很重要的——知识需要积累。我们通过加深对事物的了解来拓展我们的认知。所以,我们必须经常重复一些错误,以便获得完整的经验。运用惩罚则会回避这一过程。

管教还能让父母纠正孩子现有的负面行为。这就是为什么在任何时候改变你与孩子的联系方式都不算晚。即使是已经形成坏习惯或行为的青少年,也可以通过一致的管教进行"重新设定"。

最后一个目标,管教(与惩罚相对,没有控制)会帮助孩子获得自我控制的能力。它能教会孩子如何为自己考虑,以及在以后面对相似情形时该怎么做。孩子们必须学会如何管理自己,控制自己。我们不能每天24小时待在孩子身旁,但我们希望他们在面对可能麻烦或是有潜在危险的情形时,能够想起我们时常在他们耳边的低语。

惩罚的三个 R[①]

1. 愤恨（Resentment）："这不公平，我不会再相信大人了。"
2. 报复（Revenge）："他们现在赢了，但我迟早会找他们算账。"
3. 退缩（Retreat），以下面这三种极端形式之一：

a. 反抗："我会做我想做的事，下一次会再小心一些以防被逮着。我有权在这种情形下撒谎和骗人。"

b. 自尊心降低："我肯定真的是一个很糟糕的人，应该受到惩罚。我会一直试着讨他们开心，但我对此并不擅长。"

c. 退却："我放弃了。我赢不了，那为什么还要尝试呢？我希望让我一个人待着。"

还要记得，对消极和积极的情况运用后果（对积极的情况运用好的后果，对消极的情况运用不好的后果）。记得奖励你认可的行为，就像管教你想纠正的那些行为一样。

不论你设立了什么针对违反家庭规则的后果，你都要始终坚持到底。如果你没有坚持（每一次都要坚持），你做的或说的所有事情都会被忽视。我们都看到过那些一直重复"这是最后一次！"的

[①] *Raising Self-Reliant Children in a Self-Indulgent World*, H. Stephen Glenn and Jane Nelsen, Prima Publishing, 2000。——作者注

父母，或是一直反复从一数到三的父母，他们的孩子才是掌控彼此关系的人。

如果你真的做到把后果坚持到底，通常只需要几次，孩子们就不再会试探关于他们边界的限制了。不论孩子多么大，这么做都会管用——我又要重复了一遍，改变行为（我们或孩子的）永远都不算晚。最重要的是，我们要记住，在养育中，管教需要在行使权力时表现出坚定、自尊和尊重。

你不能强迫孩子服从于你。好吧，也许你可以——总之时间很短，而且是在他们还很小的时候。但到最后，他们会叛逆，不听你的话。而且，你的孩子可能在外面听话、顺从，但在家仍然非常不听话。这就是为什么大声嚷嚷、喊叫、威胁和重复你的话是无效的养育策略。

在孩子到18岁的时候，你可能不会总是冲他们大喊，并强迫他们做出正确的决定。从宏观角度来看，养育孩子就是告诉他们，你对他们有什么期望，如果他们听话会有什么好处，不听话会有什么后果，然后让他们自己去做出选择。当然，这需要你付出巨大的努力来确保你对所说的后果（积极的和消极的）坚持到底。但是，目标是教会孩子如何做决定以及知道每个决定都有后果。这是走向成功生活的一种更好方式——尤其是当他们从家里搬出，离开你的保护和指导的时候。

有些孩子要比其他孩子更有挑战性。他们可能无法很轻松地学习知识，可能会在学习上有困难，可能看上去不守规矩或极度活跃，无法集中注意力。在让学校给孩子贴上注意力缺陷障碍（ADD）或者注意缺陷多动障碍（ADHD）的标签之前，你应该先考虑几件事：首先，孩子们发展速度不同，有不同的时间进度（至少在青春期前，男孩通常会比女孩晚几年）。此外，公立学校一般采取的教育模式不是有利于大多数男孩的最佳学习方式。男孩通常很难长时间安静地坐着听老师讲课（我现在还是如此，据我了解，我没有注意力缺陷障碍）。课间休息和体育课的时间正在被削减，这对男孩来说尤其有害，因为他们需要这些时间来释放自己被压抑的精力。

确诊任何程度的注意缺陷多动障碍都是很困难的——主要是因为它的症状（易分心、冲动和极度活跃）与所有孩子的日常行为是一致的。真正的挑战在于：对于这一年龄孩子应有的表现来说，你的孩子是否过多地表现出其中的某种特征？几乎所有的学龄前儿童都会表现出这些症状，所有孩子在 7 岁之前不应获得确诊。类似注意缺陷多动障碍的症状，比如容易分心或者极度活跃，还可能是由很多种其他情况引起，包括睡眠障碍、焦虑、或者甚至是文化差异。①

---

① "ADHD in Children: Are Millions Being Unnecessarily Medicated?", Gwen Dewar, *Parenting Science*, 2013。——作者注

此外，我们需要知道"注意力缺陷障碍"和"孩子容易分心"之间的区别。有注意力缺陷障碍的孩子不关心任何事，容易分心的孩子则会关心每件事。

同样，如果你的孩子遭受过创伤（可能因为经历父母离婚，或是遭受某种身体伤害等），他也许患有某种形式的创伤后应激障碍（PTSD）。创伤后应激障碍和注意缺陷多动障碍在学校里中会表现出相似的症状，尤其是在男孩身上。然而，这是两个不同的问题——一个是对创伤性事件的生理反应，另一个是体内化学物质的失衡。不幸的是，很多患有创伤后应激障碍的孩子都被误诊为注意缺陷多动障碍，然后服用像利他林这样的兴奋剂，而这只会让问题变得更加严重。创伤后应激障碍是一种焦虑症（不是注意力集中的问题），要用抗焦虑的药物进行治疗，几乎与兴奋剂完全相反。你可以看出这会造成怎样的情况。

我不是说对一些孩子做出患有注意力缺陷障碍和注意缺陷多动障碍的诊断是不合理的，但是我认为，在今天有太多的孩子（尤其是男孩）仅仅因为作为男孩或者天生爱吵闹就会接受药物方面的治疗。有智慧的父母，会确保他们的孩子免于遭受不必要且不准确的标签、医疗程序和药物。

界 限

所有的孩子都需要界限。他们需要清晰的规则、安排和指导。他们会在严格的监督和指导下茁壮成长。我们可以通过运用管教把这些提供给孩子。

管教有两种形式——内在管教和外在管教。内在的管教或自律，是我们力求通过运用外在管教去教授给孩子内容。外在的管教可以通过多种形式实现：让孩子承担行为的后果、教给孩子感受延迟满足带来的快乐、理解努力工作与成功的关系，以及帮助孩子培养个人责任感。在成长过程中没有得到健康管教的孩子往往会生活得不快乐，而且还会给周围的人制造混乱。在管教孩子时，实际上我们是在为他们以后更幸福的生活做准备。

我们用后果和责任教给孩子界限和自律。我们让他们承担选择和决定带来的后果，对没有背负"伤痛遗产"的父母来说，这可能很困难，对于童年遭受过创伤的父母来说，让他们的孩子去受苦甚至会更为困难。

在生活中,如果我们缺乏责任心,我们往往会制定属于自己的规则和行为准则。孩子在小的时候需要认识到,他们的行为是有积极或消极后果的。他们还需要了解到决定不仅会影响自己,还会影响他人。不幸的是,让我们的孩子负起责任,认识到自己决定的后果,确实是会使他们承受痛苦。

但是,承受痛苦和克服挑战,是在男性身上造就强有力性格品质的关键部分,女性也是如此。生活是艰难的,并且在大多数时候它似乎不关心我们需要什么,想要什么。而且,无论我们年龄有多大,有多少经验,生活似乎永远也不会变得轻松。它仍然会给我们带来挑战。好的是,这些挑战培养了我们的性格,并教我们成为可以给世界带来改变的人。

如果没有各种各样的失败需要克服,我们就不可能成就伟大。承受痛苦可以发展性格。没有苦难,我们永远都不会有机会检验自己,看到自己到底有多么强大的能力。

如果这是真的,那么不用说,我们的孩子需要承受痛苦才能培养出健康的性格。对我们中的很多人来说,挑战在于,我们该怎样在不留下创伤的情况下,让孩子通过承受足够的痛苦来培养性格。今天的父母太过频繁地"解救"孩子,他们从来不让孩子面对自己做出选择带来的任何后果。直升机式父母总是出现在孩子的生活中,从来不让孩子做些有利于其成长的冒险,也不让孩子出现任何受伤的可能。因为在生活中,不冒风险几乎不可能取得成功,所以父母认为在帮助孩子的那些行为反而在心理上会严重削弱孩子。

苦难会培养人的性格,然而对大多数父母来说,让他们的孩子经历任何形式的痛苦都是不可想象的。许多读到这本书的人都在童年时遭受过痛苦,我们最大的愿望是确保孩子永远不会像我们那样遭受痛苦。但是现在,很多年轻人在生活中没有受过一天的苦,所以有些年轻人(甚至来自最好的家庭)会产生迷惘、认为自己不重要或者微不足道的感觉。这会给年轻人带来很多问题。

在困苦中坚持可以让我们越发成熟,并培养出健康的自尊。它能帮助我们感到自己是有价值和重要的。孩子们需要奋斗,在此且不提其他的原因。他们需要努力去解答疑问和解决问题。这会给他们自信和自尊,鼓励他们努力解决问题,直至彻底解决。孩子们不需要解救,他们也不想被告知所有问题的答案,但他们真正想要的是得到重视。

要教你的孩子学会如何承受痛苦——"很好"地承受痛苦。承受痛苦是生活不可或缺的部分——没有人能逃脱这世间的痛苦。那些用痛苦来学习和成长的人,要比在绝望中堕落的人更加健康和快乐。

界限,是让孩子在我们的保护环境中"承受痛苦"的一种好方法。我们可以教他们,引导他们,与此同时让他们发展出在生活中取得成功所必需的品格。

环境与遗传学

对于孩子的成长发育,我们往往会忽略的遗传影响的重要性,尤其是在与环境对孩子生活造成影响做对比的情况下。对于人类发展中所提倡的先天或后天理论,我都不是特别支持。我认为,我们大多数人都是基因构成和成长环境的结合。

然而,最近,我开始更多地意识到,我们的遗传密码在我们的个人成长中产生了多么大的影响。一个相当有趣的例子,是我与我的生父的相似之处。我在24岁的时候遇到他,那时的我已经是一个完全发育成熟的成年人。除了长相相似、站姿相同之外,我们的妻子在这几年一说到一件事就欣喜不已,就是我们在着装、饮食、睡觉方式,以及很多其他习惯和行为上都有着相同的偏好。有一天，我爸爸和他妻子从加利福尼亚开车来看我们，他和我竟然穿着一样的棕色天鹅绒衬衫（在美国大概就只有这么两件）。据我们的妻子所说，甚至我们的个人卫生习惯都惊人地相似。很明显，即使我在小时候从没有受过他的影响，遗传密码还是影响了生活习惯，并以某种方式决定我在生活中的下意识行为、选择和偏好。

但是我注意到，破坏性行为是由某种形式的遗传印记造成的。我们中的大多数人都意识到代际循环（或罪恶）会发生在家庭中，由一代传至下一代。通常，这是由于家庭中的行为而产生，但我相信，很多代际循环也是源于我们的基因构成（或者至少受到了基因构成的影响）。已经形成模式的行为，尤其是来自最初照料者，能极准确地预示我们最终的行为。我们经常能在很多家庭中看到，由父母做出榜样的酗酒、遗弃或虐待行为会被孩子模仿，并由一代传至下一代。然而，遗传似乎也给我们的行为结果带来了非常重要的影响，尤其是在我们还没有意识到有这些影响的情况下。

我从与自己一起共事的很多人身上都看到了这一点。例如，在一个年轻女孩的家庭中，在所有人能想起的记忆中，几乎每代人中的所有女性都曾是未婚少女妈妈。即使被别的家庭收养，她的生活也遵循这一遗传印记。了解到这一"偏好"后，年轻女孩的父母决定与女儿一起打破这一"循环"。尽管女孩成长在一个相对健康的双亲家庭，父母也意识到了要面临的挑战，并与孩子一起探讨这些挑战，为了阻止这份"基因遗产"转变现实，他们几乎耗尽了全部精力。这就好像是让她预先适应一些选择，以便迫使她能将这些信息编入 DNA。她容易做出自我摧残式的决定（以及拥有这样的心态），而这是一种对她家族中女性的反映，尽管她没有接触出身家庭中的那些行为。幸运的是，她现在已经 20 岁了，因此永远不会成为少女妈妈，也希望她永远不会成为未婚妈妈。但是，帮助她打破根植在 DNA 中代代相传的恶性循环，不管在过去还是现在，都依然是很难应对的挑战。

这种现象也出现在那些被收养的孩子身上，他们表现出的行为（药物滥用、滥交、非婚生育）与他们的亲生父母很相似，即使他们从未见过彼此。被收养的孩子身上表现的这些行为肯定还涉及到其他因素，不只是遗弃问题。但是，许多被健康家庭收养并抚养长大的孩子，还是会做出破坏性的人生选择，就像他们的亲生父母那样，即使他们可能对这些行为没有任何意识。

我由衷地相信，在我们成长过程中，父母抚养我们所用到的行为模式，对我们学习"如何过好自己的生活"有着最重要的影响。但更有可能出现的情形是，我们被预先编辑或设定做出一些选择，所造成的影响会以代际遗产为依托显现出来。意识到这些历史的"倾向",会让我们做出有意识的选择,从而打破这些代际影响,而不是在无意中陷入到一个已注定的未来中。

举个例子,如果你的家族中的女人有毒瘾或酗酒的问题,那么你的女儿就有更大的可能被毒品或酒精吸引。如果家族中的男性是酗酒者或罪犯,那你的儿子可能会对这些行为产生兴趣。我知道医学界认为酗酒是一种"疾病"。它到底是一种疾病,还是一种选择(这是我所相信的)还有待商榷。但不管怎样,这似乎都与遗传因素有关。

此外,有项最新的科学研究表明[①],各种因素,诸如你的父亲喝了多少酒或是你的祖母抽了多少烟,可能已经改变了你的基因,并且还会传给你的孩子。表观遗传学研究的是我们的日常饮食,我们接触到的毒素以及我们在工作中承受的压力程度可能会对我们传给孩子的基因遗产造成怎样的细微改变。这项研究假设,自身免疫失调、肥胖、自闭症和糖尿病等新型"流行病",也许可以追溯到我们的祖父母曾接触到的化学物质。我们也可以在今天看到这一假设的另一面:孕妇被鼓励服用叶酸和维生素 B-12,因为这可以降低胎儿患哮喘以及患有大脑和脊

[①] "Epigenetics: How to alter your genes", Chris Bell, *The Telegraph*, 2013。——作者注

髓缺陷的风险。这也就是说，即使我们在小时候遭受的创伤，也可以成为改变我们基因库的因素——这些创伤会改变我们大脑中的神经通路。瑞士的一个行为遗传学家团队已经得出结论：早期的心理创伤可能会对大脑造成持续性变化，这会促成成年期的攻击性行为、抑郁和焦虑。这也表明，社会性学习可能不是导致遭受虐待儿童做出这些行为的唯一原因①。

深入了解是打破代际循环的第一步。了解你的家族血统，让你的孩子意识到他们的基因倾向，这能大大地帮助他们避开这些陷阱，也能帮助你不被突如其来的悲剧击溃。精神疾病、抑郁症和饮食失调等其他疾病也有与其相关的基因成分，可以通过咨询和药物进行治疗。

密切关注你和伴侣的"遗产"，看看是否有贯穿在一代人与下一代人之间的需要处理的特殊循环。许多人没有意识到遗传给孩子的基因编码中存在潜在缺陷，这会让他们措手不及。这并不是说你的孩子注定会以这样的方式行事，也许只是让你有所留意，以便你能制定全面的计划，以便把孩子培养成健康的成年人。

---

① "Childhood Trauma leaves Legacy of Brain Changes", Laura Blue, 2013。——作者注

第8章
关于健康亲密关系的练习

对于发生在你身上的所有事情,你可以替自己感到难过,也可以把它们当成是一份礼物。它们要么是一次成长的机会,要么是阻碍你成长的障碍,由你来做出选择。

——韦恩·戴尔

来自有毒或破碎家庭的人要面对的另一项挑战，是了解健康的亲密关系是什么样的。我还记得在刚和我妻子结婚的时候，我对婚姻关系和养育孩子有着很多奇怪（从事后来看）的观点，我的妻子会反对说："但这是不正常的！"而我则会带着天真的自信回答道："不，这是正常的。在我家，我们一直都是这么做的。"当然，这确实不是"正常"行为。这是在我成长过程中所养成的扭曲的行为。

我们所有人在开展一段关系时，都会带着有意识以及无意识的期望，这些期望来自于我们的经验和我们周围的世界。如果我们来自功能失调的家庭，这些期望经常会对我们自己和他人造成伤害，它还会影响我们养育孩子的方式。

我们的机构几乎每年夏天都会举办一次单身妈妈的家庭夏令营。我们邀请单身妈妈和他们的孩子参加为期 3 天的免费周末夏令营。在夏令营里，我们配备了男性导师，他们整个周末都会和孩子们一起玩，我们还为单身妈妈提供工作坊、指导和放松时间。在我们第一年举办夏令营后，妈妈们的反馈让我们感到震惊。很多妈妈都说："我们参加夏令营最大的收获，是观察夫妻志愿者在午饭和晚饭时间的那些互动。我们的孩子从来没有见过一对健康夫妇是怎样交谈、产生分歧和解决问题的。"现在,我们会尽量让更多的夫妻志愿者加入进来。

我们已经在之前的章节中谈论过指导,现在让我们来谈谈人际关系中的几个重要方面。如果你需要一个榜样,就去找一些健康的家庭来做观察。

最好的养育建议:爱你的配偶

很多人都引用过这句话:"一个男人能给他孩子最好的礼物,就是爱他们的妈妈。"我想说,这句话也可以用在女性身上。爱我们的配偶可以弥补我们作为父母所犯的很多错误。我相信,这是我们作为父母能够为之努力的最重要事情。如果父母两人很相爱,那他们的孩子在生活中就更有安全感和自信,以后离婚或是成为未婚父母的可能性也会更小。

我们教给孩子,什么是男人和女人彼此相爱、相互尊重的健康方式,以及一对已婚夫妇该怎么以丈夫和妻子的身份塑造男性和女性的角色,这对孩子来说是一份真正的礼物。正如父亲是儿子男子气概的最好角色榜样一样，母亲也是女儿最好的女性角色榜样。母亲可以教给女儿一位女性在生活中扮演着什么角色，如何履行这些角色的职责，以及健康的女性应该是什么样的。母亲还可以向女儿展示如何去爱一个男人，男人应该得到什么程度的尊重，以及一个女性在婚姻中扮演着什么角色。一位快乐、可以信赖、自信的妻子会教给女儿关于男性和人际关系的一些非常有用的东西。

父亲会教给儿子和女儿，男人应该如何爱女人，以及应该怎样呵护女人。男士怎样和他的妻子说话，这对孩子来说是非常宝贵的一课。它可以教会男孩应该如何对待一位女性，以及她应该得到什么程度的尊重。你可以每天在女儿面前告诉妻子，你很爱她，并且花时间赞扬她的优秀品质。告诉她，在她为你做一些事情时，你非常感激她，不要只是在她让你失望的时候才发表评论。要找机会运用你的力量，鼓舞她成为最好的女人。当你的女儿看到这些行为时，她会将这些内化为"女人应该受到怎样的对待"，这样她就不会嫁给一个责骂她、不尊重她的人了（但愿如此）。

已婚人士要比单身人士更加健康、更加快乐，经济状况也更好。拥有一个配偶意味着你有人可以依靠，从而帮助你分担养家糊口的责任。尽管许多人总是念叨，婚姻对男性是有好处的，对女性是有坏处的，但研究明确表明，婚姻对男性和女性来说都是健康的，而且绝大多数女性都从婚姻中受益取得了成功。已婚人士的身体和情感比同龄的单身人士都要更加健康，他们也比同龄的单身人士寿命更长。已婚男性和女性出现抑郁和焦虑较少，其他类型心理压力的程度也较低。单身人士的死亡率要比已婚人士高出许多（女性高出50%，男性高出250%）。已婚女性往往寿命更长，因为她们更有钱，并且居住在有完善医疗保障的更好社区（统计表明，只有略超一半的单身女性有健康保险，但是已婚女性中，83%的人都有健康保险）。已婚男性往往也会寿命更长，因为他们不再做出危险行为，例如饮酒、吸毒、开快车（在极其兴奋时），以及将自己置于各种危险情形中。已婚男士的日常饮食也会更好，并且他们的妻子会密切关注他们的健康，并在必要时逼着他们去看医生。[1]

就作为父母而言，你的配偶同样是你最大的财富。妻子可以在孩子们面前树立丈夫的形象，启发丈夫，让丈夫获得更多尊重。如果妻子对丈夫表现出尊重，并且认可丈夫的领导，那么你的孩子也一定会这么做。但是如果妻子对你不屑一顾，那

---

[1] *The Case for Marriage: Why Married People Are Happier, Healthier, and Better Off Financially*, Linda J. Waite and Maggie Gallagher, Broadway Book, 2000. ——作者注

孩子可能也会对你不太尊重。她还能让你及时了解孩子在面临情感挑战时的最新进展。最后,她是一个很好的晴雨表,可以帮你衡量自己作为一个父亲究竟做得如何。

丈夫可以确保妻子受到孩子们的尊敬。父亲经常被认为是家里的规则执行者。通常,父亲天生就拥有让孩子畏惧的"恐惧因素",这可以让他确保家中一切事情运转顺利。你会注意到,当爸爸离开家一段时间,或者爸爸情感缺席时,那这个家往往会被混乱占据。孩子的自律会滞后,并且家中公然反抗父母的情况也会更为常见。尤其是在孩子进入青春期后,他们会有一种试图反抗妈妈的权威的倾向。爸爸可以在孩子失去控制之前,通过让儿子守规矩,以及调解母女之间的冲突来缓解这一转变。

当然,不是所有的家庭都会以这种形式运转。传统的核心家庭结构已经不再那么规范了。单身妈妈经常带着权威领导家庭,而且,有时候即使爸爸在家中,妈妈仍是家里的规则执行者。但是,父亲家庭领导者的地位是天然的,这给了他一定的权威。通常,他在一开始不需谋取就能获得这种权威,但需要经过一番努力才能维持这种权威。

但除了这些之外,你的婚姻是非常重要的,尤其是对孩子来说。孩子们需要母亲(抚养)和父亲(权威)互补式的养育风格,这样他们才能茁壮成长。这种"爱"的风格(以表现为基础,并且是无条件的)会有助于教给孩子成为成功的人所需的品格和人生经验。我们文化中最大的谎言之一,是在一段婚姻变得不幸福时离婚对孩子来说才是最好的——即"为了孩子"而维持婚姻是错误的。

大量研究表明,在几乎所有可衡量的数据结果中,单亲家庭的孩子要比来自双亲家庭的同龄孩子表现得更差。不幸的是,根据美国疾病控制与预防中心的人口统计数据显示[1],现在有41%的新生儿是非婚生育(少数民族家庭中这一比例还要更高)。这里有几个例子,可以说明在这些家庭中的孩子是如何表现得更差的:

· 与既有父亲又有母亲的孩子相比,来自没有父亲的家庭的孩子日后贫困的可能性是他们的5倍,极度贫困的可能性是他们的10倍。

· 来自单亲家庭的孩子比来自双亲家庭的孩子更有可能被忽视,遭受性虐待、精神虐待和情感虐待。

· 来自单亲家庭的青少年非法使用毒品的风险,是来自完

---

[1] "The New Unmarried Moms", Kay Hymowitz, *Wall Street Journal*, 2013。——作者注

整家庭的青少年的 1.5 到 2 倍。

- 14 至 22 岁之间没有生活在一个完整家庭的男孩，最终入狱的可能性是其他男孩的 2 倍。一个男孩和父亲生活的时间每减少一年，日后被监禁的可能性就会提高 5%。未婚母亲所生的男孩入狱的可能性是双亲家庭所生男孩的 2.5 倍。

- 父母分居或者生活中频繁出现变故（离婚、父母有新伴侣等）会增加女孩出现早发月经初潮的风险，也会增加他们过早发生性关系和过早怀孕的风险。父母早年分居的女性与家庭完整的女性相比，过早经历月经初潮的风险是后者的 2 倍，过早发生性关系的风险是后者的 4 倍多，过早怀孕的风险是后者的 2.5 倍。女性和父母一起生活的时间越长，出现过早生殖发育的风险就越低。

- 平均而言，单亲家庭孩子的学业成就要低得多。与来自双亲家庭、父母都是亲生父母的孩子相比，单亲家庭孩子的考试成绩更低，平均绩点也更低，辍学的可能性是他们的 2 倍。此外，几乎所有的教育结果（平均绩点、考试分数、测验得分，以及是高中还是大学毕业），单亲家庭的学生普遍都要逊色于来自完整家庭的学生。①

把我们最宝贵的财富——我们的时间——花在我们最珍惜的东西上，这是人类的天性。如果我们想成为更好的父母，我们需要把时间和精力都专注在婚姻上。我们需要"以婚姻为中心"的婚姻，而不是"以孩子为中心"的婚姻。对父母来说，重要的是要记住，在你的孩子离开家后，你的婚姻还会持续很长时间。从长远来看，这是值得的。尽管我的几个孩子都长大成人，离开了家（在大多数时候），但是如果没有我的妻子，我会感到不知所措。她比世界上任何人都要更了解我，也比任何人都更在意我。建立这种关系需要时间，它不会在一夕之间建立起来，甚至不会在几年之内建立起来。这需要几十年的时间。

承诺：最重要的品质

几乎所有的成年人都能完成"生孩子"的生理行为，但是，

---

① "Is There a Difference in Educational Outcomes in Students from Single Parent Homes?", Concordia University Portland, 2009。——作者注

这并不能让他们承担好父亲或母亲需要承担的职责。这就是为什么一个尽职尽责的继父母或养父母，能够比没有参与养育的亲生父母还要好的原因。

承诺就是信守我们许下的诺言，包括一些没有说出的诺言，例如当我们成为父母时，就做出了承担父母职责的承诺。尽我们所能去养育孩子是我们的责任。"责任"这个词传达的意思是对某人或某事在道德上的承诺。这种道德承诺引发的是一种行为，而不仅仅是一种被动的感受或认知。对我们的孩子负责，意味着我们不仅会留在他们身边，还会尽我们所能治愈自己，这样我们才有可能成为最好的父母。

> 男士们，你愿意为你的妻子和孩子而死吗？我愿意，而且我认为大多数男人都愿意为了家庭而牺牲自己。但是你告诉过你的妻子和孩子你愿意为他们而牺牲吗？这是非常有力量的——知道有人足够关心你，愿意为你牺牲。如果知道有人愿意为我牺牲，我会感到非常荣幸。
>
> 我鼓励你坦率地告诉你的家人。他们需要知道这一点。

父母的承诺，尤其是父亲的承诺，被列为培养孩子自尊的首要因素。我记得在我们的孩子还小的时候,每当我和妻子发生争论或产生分歧时,他们都会跑开并躲起来。我问他们原因,他们说感到害怕。他们并不是因为我们争论非常激烈或者甚至是声音非常大而害怕,他们说害怕的原因是,学校里很多朋友的父母都离婚了,他们害怕我们也会离婚。我不得不向他们保证(很多次),我承诺永远和他们的母亲保持夫妻关系,我们永远不会离婚。我还向他们承诺,无论发生什么,我始终是他们的父亲,永远不会离开他们,并且永远爱他们。他们需要我对承诺做出保证,这样才能感到安全和放心。

我们在活动中接触到了很多孩子,他们的父亲(或母亲)没有做过这样的承诺。这些孩子时常会感到害怕、不安和失落。还有那些在寄养体系中的孩子,他们失去的是父母双方的承诺。对这些可怜的孩子来说,他们的命运是悲惨的。

防止你的孩子遭受性骚扰

我们需要为我们的孩子设定健康的边界,也要给父母、亲戚和陌生人设定健康的边界。我总是感到惊讶,有那么多的人曾被家中的某人猥亵,之后还允许那个人在没有监督的情况下接近孩子。性施虐者在被抓到并受到惩罚之前,是不会停下他们的行为的。你也有义务告诉家里的其他人这个人做了什么。很多人不会相信你,或者憎恶你说的事情,但是,你有责任保护其他孩子,不让发生在你身上的事情发生在他们身上。

来自猥亵儿童者的建议[1]

- 我是你认识的人,但是你并不真正了解我。
- 和你的孩子谈一谈——让他们对性犯罪者有所准备。
- 我会让你的孩子很难告诉你我对他做了什么。

---

[1] Center for Behavioral Intervention, "Protecting Your Children: Advice from Child Molesters", Beaverton。——作者注

- 让这些事情变得容易一些：沟通、倾听、相信他们。
- 相信你的孩子，而不是相信我。他们值得你信任，我不值得你信任。
- 教他们了解性、私密部位和"私密的触摸"。
- 告诉孩子，绝不可以允许别人触摸他们或要求别人触摸他们。
- 告诉孩子，这永远是大人的错，他们不会陷入麻烦中。
- 告诉孩子，如果他们不能告诉你，就去告诉另一个成年人。
- 相信你的直觉。

性犯罪者会非常努力地欺骗成年人，就如同他们会努力诱骗孩子并让他们不声张一样。他们往往是我们信任的人，并且是我们孩子喜爱的人。他们的策略是如此有效，以至于只有不到5%的人被报告并被成功起诉。

我们必须和孩子谈谈这个问题。举一下手——你们中有多少人愿意和孩子进行这样的对话？我是不愿意。为了保护孩子不受这个世界上邪恶的侵害，我憎恨（并且厌恶）自己不得不玷污他们的纯真。但是，如果我们不和他们谈论这个问题，又有谁会跟他们谈起呢？不仅如此，这还会是一场持续进行的对话，而不是一次就能解决的问题。我们必须将知识和信息提供给孩子，从而让他们能够在我们不在他们身边时保护自己。我们需要和他们谈谈性虐待和性犯罪的行为。坦白说，让孩子保护自己不应是孩子的职责，而应是我们的职责。

性犯罪者非常善于操控他人，并且极其擅于撒谎。他们很聪明，并且非常擅长获得孩子的信任，以及和孩子建立友谊。他们会迷惑孩子，让孩子觉得自己要对发生的事情负责，还会让孩子不再信任自己的父母。他们会让孩子相信，如果孩子敢把事情告诉别人，那他们就会有麻烦，或者会被带走，然后被寄养在其他什么地方，再也见不到父母。孩子们根本不是性犯罪者的对手。

如果你的孩子告诉你，他们遭到了不恰当的触摸或求欢，你要相信他们。孩子们很少编造这种事情（只有1%到2%的报告是伪造的）。他们没有这方面的知识和想象力。孩子撒谎是为了摆脱麻烦，而不是让自己陷入麻烦。记住，性犯罪者也非常擅于获取成年人的信任。他们喜欢利用单亲妈妈对孩子缺失父亲的恐惧。但是，即使孩子们说出来了，在调查中52%的性侵犯者表示他们能够"说服成年人不要报警"。这是不能接受的。这些人不会停止犯罪。你有义务通过将这些违法行为告知警方来保护其他孩子，即使犯罪者是你的近亲。

健康的沟通

话语的影响是非常重要的。遭受过虐待的人往往会相信自己听到的那些可怕话语。这会引起消极的自我对话。不幸的是,这些消极自我对话经常会从他们口中说出,钻入其他人耳朵,而他们就会由此相信自己就是这样的人。健康的人会相信父母对他说的烙入其心间的教诲,即使最终陷身困境,他也会相信自己好的一面。

正如我们之前所说,父母的话对他们的孩子有很大的影响。孩子们在之后的很多年里都会记得你对他们的批评和指责——你甚至都不记得自己曾说过那些话。他们的整个人生观——无论是好的还是坏的——都会受到你说的话的影响。只要有可能,就要刻意用话语来表达祝福和给予鼓励,不管你是大声喊、低声说,还是把它们当成日常生活的一部分说出来。

预测一个年轻人会不会成功依据的主要因素之一,是他对"父母对他的印象"的认识。对你的孩子说鼓励的话,它会树立孩子的自信，赋予他们生活的力量。对孩子说负面的话，它会严重伤害孩子的灵魂。不幸的是，大多数人在话说出口之前都不会思考内容，尤其是在心烦意乱的时候，我们只是为了宣泄情绪。通常，在愤怒时我们甚至不会把说的话当真，但我们的孩子们相信，他们无所不知并且非常强大的父母所说的都是事实。

有时候，我们没说出的话和我们说出的话一样响亮。我妻子最近发短信给我，她鼓励我去拥抱我们已经成年的女儿，并对她说一些爱和鼓励的话。我的妻子说，她总是看到在我对外孙女说充满力量的肯定和爱的话语时，我们的女儿会在一旁倾听，可以看出这是女儿内心渴望得到的东西。谢天谢地，我有一个对此很敏感的妻子，否则我可能根本不会说这些话。我想，我应该只是想当然地认为，我做的那些为他们提供生活保障和保护的行为，还有我忠诚的承诺，会自然而然地告诉我的孩子我爱他们。不幸的是，事情并非如此。他们需要听到我的话语，这样，我对他们的看法，以及我对他们说的那些我爱他们，为他们感到骄傲，信任他们的话语，才能真正地根植在他们的心中。永远不要低估话语的力量。你的孩子（和妻子）每天至少需要听到一次"我爱你"。如果他们听不到这些话语，他们就不会知道你对他们的爱。

不管你的行为向他们展示了什么，如果他们没有听到你说你爱他们，他们就不会真的相信你爱他们。孩子们需要经常听到这句话——每天都要听到。每天能听到几次会更好一些。即使你觉得不自然或不舒服，也要每天多练习几次，说出能鼓励孩子的话。一个好的做法是，试着为你说的每件负面事情提前想出至少5个"措辞"。我所了解到的事实是，根据统计，要想真正起作用，这个数字可能需要再翻一倍。但是，如果你来自一个从来不说正面话语的环境，那你最好从一个能达成的目标开始，否则你可能会感到气馁，然后就此放弃。相信我，这些努力都是值得的。你的孩子并不期望你是完美的父母，他们只是想知道你在乎他们。

现在，我们家里正好有一个在屋里跑来跑去的学步期的孩子。因为她狂热的好奇天性，我无法告诉你自己每天要跟她说多少遍"不！""不行！"或"快停下来！"这意味着我要努力说很多正面的肯定话语，以此抵消所有这些负面话语。

那些对孩子很重要的人说的话通常也会被孩子们看作是事实，即使这些话不是真的。所以，我们必须谨慎地对待我们用到的话语，以及我们使用这些话语的方式。无论别人告诉你儿子多少次他是个垃圾，他可能都不会相信。但是，如果你跟他说他是个垃圾，并且说的次数足够多，他就会相信他是垃圾。

同样，如果其他人说他很愚蠢，他可能不会相信，但是如果你说他很愚蠢，那么，无论他实际上有多么聪明，他肯定会相信自己真的很愚蠢。

对于女儿生活中的几乎每一方面，父亲同样也有着不可思议的影响（积极的或消极的）。因为女儿非常渴望得到父亲的爱，她十分相信父亲对她的看法。如果父亲说她愚蠢，没有能力，她就会相信自己确实如此。但是，如果父亲说她聪明、美丽、有能力，并且多才多艺，那她也同样会相信事实就是如此。父亲决定了女孩对自己的感觉。如果父亲就"她是谁"向女儿表达爱、尊重和赞赏，那么，无论别人怎么想，她都会相信自己作为一位女性的确如此。这是一份充满力量的责任，伙计们！我无法告诉你我遇到过多少人，在内心深处埋藏着父亲对他们曾说过的伤人话语行走在生活之间。作为男人，我们通常在说话之前不会思考。对我们来说，言语的意义并不像行为的意义那么大。但是，我们的言语对孩子来说是非常重要的。

仅仅是我们说话的语调，也会对信息的接收产生很大的影响。大声说出的话，讽刺挖苦的话，或是愤怒说出的话，会被孩子用不同的方式诠释。同样的话，你可以温柔地说出，也可以充满爱意地说出，但它们的含义是完全不同的。我们真正的内心感受和态度总是会从我们说的话中表现出来。

最后，我相信，作为父母，我们拥有的最好的沟通工具是在我们犯错时道歉并请求原谅。这对许多人，包括我自己来说都是困难的。但是，道歉并不会削弱我们的权威，反而会让孩子更加尊重我们。孩子知道我们什么时候犯了错。当我们拒绝承认并且没有为此感到懊悔时，无论我们是犯了错还是犯了罪，都会让我们看起来傲慢、固执，甚至十分无知。

健康的身体爱抚

来自有虐待行为家庭的人通常会对太多的（或任何的）爱抚或亲密行为感到不适。健康的（与性无关）爱抚对培养健康的孩子来说是极其重要的。你的孩子需要时常得到父母的拥抱和亲吻。我在一个没有多少爱抚的家庭里长大。随着年龄的增长，我才意识到我有多么怀念我在生活中得到的那些爱抚。所以，当我的孩子出生时，我发誓我会给他们足够多的爱抚，即使做到这一点很难。这真的很难！我总是不得不强迫自己去拥抱和亲吻他们，因为在我小的时候，我的父母并没有这样做。

我很不习惯，这让我很不舒服。我必须在我的大脑中建立那些神经通路，从而让这些行为变得舒服一些。随着我的孩子渐渐长大，这么做变得容易一些了，有了我的孙女后，现在这就像是我的第二天性。

拥抱并亲吻你的孩子，给他们足够多的爱抚。即使他们长大了，我们也要继续给他们爱抚。当我的儿子大概13岁的时候，他长得非常快，最后比我还高——他变成了一匹高大的骏马。有一次，当我们穿过停车场走进一家商店时，他伸出手，并握住了我的手，我第一反应是想把手抽开。因为，你也知道，两个男人是不会在公共场合牵手的，对吧？况且他比我块头还大。不过，谢天谢地，我没有做出把手抽开的反应。因为他还没有成为一个男人，他还是个男孩，是我的小男孩。所以我们在商店里手拉着手，随意地打发时间。我们看到了其他人脸上有趣的表情，但是，谁在乎呢。不论出于什么原因，他需要牵着爸爸的手，我很荣幸能够达成这一愿望。

我们的女儿和儿子一样需要爱抚和身体上的亲密行为，尤其是从父亲那里。女孩渴望得到来自男性的健康爱抚。如果她们在家中没有从父亲那里得到，那她们最后会从别人那里寻求爱抚——而你可能不想让那个人给她爱抚。但是，在某个时候（可能是青春期），她想让爸爸爱抚她的愿望可能会减弱。荷尔蒙，以及对即将到来的性的困惑困扰着她的身心，她可能不想让任何人触碰她。这就是出现在我女儿身上的情况。我们的小女儿以前常常和我在客厅的地毯上摔跤，而进入青春期后，她变得喜怒无常、闷闷不乐，还有些冷漠。大概14岁的时候，"外星人"入侵了她的身体，她不想让任何人触碰她（尤其是我或她哥哥）。但是到了18岁，"外星人"突然消失，她又重新变回原来那个温柔可爱的人儿。

别让你的过去妨碍你给孩子这个充满力量的礼物——爱抚。如果你在成长的过程中没有得到爱抚，你会知道你有多想念它。就像我在书中说到的所有事情一样，爱抚也需要你鼓足勇气去克服这一障碍。但是，你的孩子应当有爱他们的父母，也应当有在一个健康平台上去开启生活的机会。

第 9 章
女性：你为什么重要

摇摇篮的手就是统治世界的手。

——W. R. 华莱士

女士们，作为母亲，在很多方面，你对很多人来说都是非常特别，并且非常重要的。你的家庭非常需要你，因为有你才能获得治愈并保持完整。在本书的读者当中，有很多人会为"为什么我的生活是有价值的"而内心挣扎，下面是对你在周围人的生活中发挥重要作用的一些简略思考。

对你的儿子来说

妈妈会教给男孩一些他们需要学习的东西，以便他们能在生活中取得成功。妈妈会以身示范教给儿子诸如同情、怜悯、温柔、敏感和爱之类的情感。通过观察母亲的生活，他会了解到什么是奉献、和善、关怀，以及无条件的爱。对儿子来说，妈妈是女性、妻子以及母亲的榜样，所形成的印象会影响他的一生。在女性气质、女人怎样去爱男人、女人应该让自己得到怎样的对待，以及健康的女性是什么样的这些方面，母亲是最重要的角色榜样。母亲通常还是男孩对"女人应该从男人那里得到多少尊重"的认知晴雨表。男孩会有意识地注意母亲对待父亲的方式，这通常会（在有意或无意中）决定他自己希望得到妻子怎样的对待，也会影响他自己对待妻子的方式。

不仅如此，男孩如何看待自己作为一个男人的身份，他的母亲对此也有非常重要的影响。她可以用她的话语和态度，缩短男孩时代与男人时代之间的脆弱连接。一位对男性持有蔑视心理的母亲，会让自己儿子的生活变得艰难，尤其是那些在生活中被男人伤害过的女性，这对一个男孩来说是一项真正的挑战。

另一方面，对健康的男子气概非常尊重和赞赏的母亲，可以让一个男孩相信他是为伟大而生的。通过母亲的肯定所带来的力量，可以鼓舞他成为想成为的人，并完成那些在没有她的影响下就无法做到的事情。不管怎样，一位男性的母亲对他的生活和男子气概有着巨大的影响。

对你的女儿来说

在一个年轻女孩的生命中,母亲是第一个也是最重要的女性角色榜样。母亲可以教给女儿真正的女性气质是什么样的,该如何去爱一个男人,应该给男人多少尊重,女人应该如何被男人对待等方面的事。你也会向她展示和一个男人的婚姻关系是什么样的,什么是真正的女性特征以及该如何表现这些特征。对没有这种榜样的女孩来说,爱一个男人并且和他一起生活可能是一个令人困惑的命题。对于女孩来说,你还是"如何做母亲"的榜样:一位母亲应该如何行事,应该做什么,她应该如何爱孩子、养育孩子。这些是让年轻女孩成长为健康女性的基本条件。一位母亲会教给女孩,女性在生活中扮演着什么角色,如何履行这些角色的职责,以及什么是健康的女性气质,一位母亲还会给女儿树立婚姻中女性角色的榜样。一位快乐、可以依赖、自信的妻子,会教给女儿关于男人和人际关系中的一些宝贵知识。

母亲的影响和榜样对一个女人的人生选择意味着什么？她的母亲允许自己被男人利用或虐待吗？她有一个健康的自我形象吗？她对男性有什么感受？她是喜欢他们，还是通常对男人会感到痛苦和憎恨？对于一个女人来说，她的母亲既是一盏指路的明灯，指引她度过人生的早期阶段，也是她拥有的第一个关于女人应该如何对待婚姻、男性、家庭和生活的榜样。因为一个女孩会把女人的价值建立在母亲的榜样和父亲对妻子的尊重的基础上，所以她需要尊重她的母亲。

母亲可能也会对女儿被什么类型的男性吸引产生很大的影响。毫无疑问，母亲是一个女人期望男人应该如何对待她，应该如何回应一个男人，如何养育孩子，如何举止，如何行事，如何穿衣打扮，以及如何对待生活的榜样。如果一个女孩钦佩并尊重她的妈妈，并且认为她从自己选择的男人那里获得了很多，那她就是一个非常幸运的女孩。如果没有，她可能需要认识到，她的母亲是如何影响她对这些问题的看法，并在自己人际关系和面对生活挑战的回应上，试着去寻求一些改变。

对你的丈夫来说

对你的丈夫来说,你是很特别的,因为你赋予力量,让他能够超越自己。我已经成年的小儿子有一次问我,他怎么才能知道"中意的女孩"什么时候出现了。思考一番后,我给他的最佳建议是,这个女孩会让他想成为一个更优秀的男人。为了让她为他感到骄傲,他会觉得自己有必要用一生去完成一些事情。只要她在,她就会鼓励他去为了成功而奋斗。他也会想要去努力工作,并且提升自己,以便给她更好的生活,并获得她的认可。

女人对男人的生活有着不可思议的影响。俗话说"每个好男人背后都有一个好女人",这不是夸大其词,是事实。女人可以用她强大的影响力以巧妙的方式引导和鼓励一个男人,使他成为他应该成为的人。她手中握着他作为一个男人、丈夫和父亲走向成功或失败的钥匙。与男性更明显高调的影响相反,这一影响要更微妙一些,是一种不显山不露水,"润物细无声"

的影响。这种影响中有着令人陶醉的"鼓舞",它引诱着男人,并且激励他相信自己,相信他拥有了不起的能力。她那微妙而精致的优雅激起了他内心的激情,也让他的性格和行为更加勇敢。

女人会对男人的生活产生巨大的影响,尤其是作为一个鼓励者。如果一个真正有男子气概的男人知道他有一个支持他的妻子或相信他的女人,那么,基本上就没有他不会试着去完成或坚持到底的事情了。只要有妻子在身边鼓励他,他就能经受住生活中的一切。在他珍爱的妻子的全力支持下,他几乎可以承受住所有的打击或失败。如果一个男人的妻子非常尊重他,那他就会带着骄傲和自信走入社会。事实上,男人常常把尊重等同于爱。他的妻子越尊重他,他就越觉得她爱他。男人总觉得自己在被生活评判。如果他的妻子对他的评价很高,其他人怎么想就不重要了。

你还很特别,是因为你有给予生命和照料他人的能力。很明显,当男人身边有一个助手、一个伴侣、一个完美的人的时候,他们的生活会变得更好。

正如我们在第 8 章讨论的,单身男性的寿命比已婚男性更短,死亡率也更高。从任何可衡量的角度来看,无论是单身、丧偶还是离婚,单身的男性都没有已婚男性生活得好。已婚男性比单身男性更健康，寿命更长——他们患脑溢血的风险要低得多。已婚男性死于心血管疾病的几率比未婚男性低46%。离婚男性的死亡率会增高，患高血压、心脏病和中风等疾病的风险也会增高。已婚男性的心理健康程度也比单身男性高得多。单身男性的生活方式也不健康，至少有一个例子可以证明这一点，那就是他们的饮酒量大约是已婚男性的两倍。监狱里的大多数男人都是单身，并且，由未婚男子引发的犯罪事件占大多数。

男人都不想孤身一人。他们需要女性来让他们的生活更加完整和完美。你是上帝创造的独一无二的人，在养育和人际关系方面，你拥有着令人惊叹的技巧。

你对你的丈夫来说是很特别，因为你让他成为一个更优秀的父亲。你可以让他成为孩子们眼中的英雄，你可以让他从孩子们那里获得更多的尊重。当他得到你真正的尊重和赞赏时，几乎没有什么事情是他做不到的。

对你的家庭来说

作为女人，你在养育孩子方面比男人要更擅长。没有你在这方面的天赋，一个家庭就无法生存，更谈不上兴盛了。女人要比男人心地善良得多。女人更温柔，也更能关心别人，更能在意他们的感受。女人的爱往往是无条件的，而男人的爱则是基于表现的。女人通常比男人更容易接受别人以及他们自己的缺点。女人更容易被悲伤的故事所吸引，或者更容易去试着拯救那些声称受到虐待的人。她们与自己的情绪"相处"得很好，对人际关系中的细微差别和变化也很敏感。

女人拥有当别人难过时善解人意的能力，还拥有当别人受伤时安慰他们，以及当别人痛苦时治愈他们的能力。她总是会关心他人，也非常和善、体贴、温柔、敏感，富有同情心和爱意。她觉得自己有义务确保孩子们的需求得到满足，比如确保孩子们是安全的，并且有合理的饮食，穿干净的衣服，以及得到了定时的清洁。她的存在能够帮助孩子们茁壮成长，就像肥沃土地上那些生机盎然的玉米秸秆一样。她的养育本能给家庭生活带来了活力。从擦伤的膝盖到受挫的自尊,她那温柔又治愈的抚摸能疗愈一切。她温柔的同情甚至能够抚慰最可怕的背叛。

女人喜欢鼓励和支持别人去寻找生活的意义。她们喜欢相互分享自己的生活经历,也喜欢帮别人解决他们的问题。

女人是家庭的养育者,她们让家庭保持合理运转,并朝着更好的方向发展。坦白地说,如果只剩下不受任何管束的男人和他们的孩子,死亡率可能会增长很多。

由克里夫·欧文主演的电影《男孩们回来了》(*The Boys Are Back*)中有一句很棒的台词。一个鳏夫和他的两个儿子正在为他们的妻子和母亲的死而悲伤,在他们为继续生活而苦苦挣扎时,其中一个儿子悲伤地说道:"就像《小鬼当家》(*Home Alone*)里一样,只留下我们3个了。"

妈妈——你是最特别的,因为你是给予我们生命的人。这是一个充满力量的角色。永远不要忘记这一点。

第10章
男性：你为什么重要

谢尔曼有一个可怕的发现，男人早晚会和他们的父亲一样……他面前的这个男人不是一位年长的父亲，而是一个男孩，一个非像他自己的男孩，一个长大后有了自己孩子的男孩，并且，这个人尽己所能，出于一种责任感，也许还有爱，接受了一个叫作"父亲"的角色，这样他的孩子就拥有了某种神奇而又无比重要的东西：一个保护者，他会制止生活中任何混乱和灾难的发生。

——*汤姆·乌尔夫*

父亲们，你们和母亲同样重要，只是侧重的方面有所不同。首先，你们是家庭的领导者。你可能不愿意承担这个角色，或许甚至不愿意让这个角色落到自己头上。尽管如此，你还是家庭中实际上的领导者，不管你选择相信与否。不管媒体、教育体制、我们孩子的同龄人，或者那些名人试图给你孩子的心灵灌输什么，你作为孩子父亲所产生的影响，会超越所有其他的影响。

下面是对此的解释。你可能不认为自己特别有影响力，或者甚至觉得自己在生活中不是很成功。也许你没有赚很多钱，没有领导着一大群人，没有拯救生命，也没有发明一些神奇的小玩意。也许生活已经击倒了你，你丧失了对自己能力的信心。所以，你不觉得自己有多么了不起。但是，你可以肯定，你的孩子是这么认为的。他们觉得你非常了不起，他们不知道也不在乎外界怎么想。他们只知道，在家庭之内，你几乎是最高大、最有智慧、最有力量的人了。哦，他们知道你并不完美，但他们不在乎，因为你已足够优秀，是他们生命中不可或缺的部分。

在你所爱的人表达的爱意中，你的重要性体现在以下几个方面。

对你的儿子来说

儿子可以从父亲那里学到很多技能,这些技能可以让他们成功地驾驭生活。他们需要男人(希望这个人是他们的父亲)向他们示范一些生活技能,以便他们能掌握这些技能并将其应用到自己的生活中。没有这样的角色榜样,很多男孩只能靠自己在生活中摸索——这是一个非常艰难的过程。一个年轻的男性需要一个年长的男性或女性为他树立榜样,下面列举的是其中的几个方面:

怎样生活:男人的一个伟大之处在于他们知道很多。他们知道怎样去做事情,以及这个世界是如何运转的。他们从他们的经验中学习,也从反复试验中学习。他们从生活中对他们重要的人的教导中学习。作为男人和男孩,"有能力"对我们的自尊是非常重要的。如果没有人向我们演示如何做事情,我们如何能学会"有能力"呢?而且,如果我们觉得自己没有能力,我们又怎会对自己的男子气概感觉良好呢？儿子能从父亲那里学习到世界如何运转，如何在这个世界中成功地生活，以及在生活中取得成功的必要技能。

怎样解决问题：作为成熟过程中的一个部分，男孩和年轻的男人还需要经历考验。父亲处在一个独特的位置上，他可以通过向他的儿子施加必要的压力，来培养其性格。从未在生活中检验自己的年轻男性，永远不知道自己有多大能力，他们在成年后也不会有自信和安全感。反复试验会让一个男人成熟起来，而这是书本或课堂无法达到的。如果在成长过程中，男孩经常被解救（通常是被女性的指导者），那他将永远无法学会自立，以及在生活中取得成功所需要的技能。在大多数情况下，一个男孩需要一个男人帮助他、教导他顺利穿过成年阶段的荆棘和坎坷。太多年轻的男孩和男人因为没有得到指导，在成长过程中变得愤怒、沮丧、焦虑和恐惧。他们常常通过假装自己很勇敢、很有自信来弥补这一缺陷。我还记得，当我还是个年轻小伙的时候，总是表现得很愤怒、有防御性，并且很傲慢，以此来掩饰自己的不安。我会有不安的感觉，是因为我从未有一位父亲指导我，并教会我如何解决生活中的问题。

事实上，如果我们继续培养越来越多愤怒的年轻男人，那么最终，我们的文化将经历一场世界末日般的灾难。当男孩没有学会如何解决生活中的问题时，他们就会依赖其他人来照顾他们，而不是履行自己的职责，去保护和照料他们应当为其负责的人。随后，这种失败还会让他们更加觉得自己是一个在生活中令人失望的人。

一个男人怎样面对世界：男孩需要男人告诉他们世界如何运转。作为一名前中学篮球教练（希望以后也是），我觉得我的队员们最感激我的一件事，是我让他们知道了对他们所抱有的期望。我的领导方式是，在他们做了正确的事情，更重要的是在他们做了错误的事情时，我会明确无误地告诉他们。这就是我们所有人（尤其是男性）学习的方式。当我们不了解他人对我们的期望时，我们就会陷入"不确定"和"模棱两可"的困境。当男孩知道自己的边界时，他们会格外地茁壮成长。这就是体育竞技如此吸引他们的原因之一：规则对每个人来说都是一样的，没有例外，而且不遵守规则的后果也是非常明确的。它创造了公平竞争的环境，并让年轻的男性茁壮成长。作为一名教练，我总是想教给他们一些更为重要的经验，而不只是比赛的技能和基本规则。我总是想抓住每一次机会教给他们关于人生的经验。幸运的是，我很多以前的队员都找到我，告诉我给他们的生活带来的改变。

父亲和管教：在管教孩子的过程中，父亲是尤为重要的。

父亲似乎被天然赋予了家庭中的权威。孩子们对父亲有一种天生的畏惧，但对母亲则没有这种畏惧。尤其是对十几岁的男孩来说，父亲就是界限，阻止他们用会对自己或他人造成伤害的方式来表达他们的意愿。通常，父亲都被视为家庭规则和价值观的实施者。你很少会看到黑帮成员家中有慈爱的父亲。十几岁的男孩在这个阶段甚至可能开始对妈妈有抱怨，但是他们绝对不会对父亲这样。

没有被父亲管教的男孩无法学会自律，而自律对于男性在生活中获得满足感来说是一个重要因素。没有受过管教的男孩会不快乐，长大后会成为让他人失望的男人，尤其是那些和他亲近的人。

怎样去爱一个女人：一个男人应该怎样去爱一个女人，父亲是一个有益的榜样。对于大多数男性来说，这不是自然而然就会懂得的事情。去看看两种人对待妻子（或者更常见的是同居的情人）的差别，一种是在成长过程中没有健康的男性角色榜样的年轻男子，一种是成长过程中父亲很爱母亲的年轻男子。为了他人而奉献自己，并不是男性的天生特质。事实上，情况通常可能恰恰相反。

对男性来说，爱一个女人是一种需要通过榜样来模仿的行为。学习用健康的方式领导家庭也是一种需要通过榜样来模仿的行为，男孩极少能通过其他方式学得。一个男孩的父亲给母亲多少尊重，他就会认为所有女性都应当得到这样程度的尊重。欣赏女性给彼此关系和家庭带来的重要影响，是一位父亲能给予儿子的另一份礼物。学会以女性需要的方式去呵护和爱她，而不是以他自己感觉更舒服的方式爱她，是男孩能通过每天观察父亲学到的一课，他无法从别处学来。认识到她更为柔软的内心，以及他的话语会对一个女人造成的伤害，是父亲能给予一个男孩的教导。也许，一位父亲传授给男孩最了不起的一课，是能够承认自己错误，道歉，并寻求原谅。

没有父亲的榜样行为，男孩只能独自去努力应对生活，并克服将要面对的所有困境。缺失父亲的男孩，在生活的各个方面都处于极大的劣势之中。很多人永远无法恢复，于是他们无论走到哪里，都会将破坏和痛苦蔓延到他人身上。而那些恢复的人，在一生之中也会与各种问题作斗争。父亲带来的创伤会在男孩的内心撕开一道道很深的难以愈合的伤口，并在之后留下伤疤。

对你的女儿来说

在影响女儿的生活这件事上，父亲被赋予了惊人的能力。在女儿从男人身上寻求的品质和所坚持的标准上，一位父亲可以提供非常重要的角色榜样。他是她生命中的第一个男人，他向她展示了一个男人应该怎样对待一个女人，一个男人应该如何行事，以及一个男人如何向女人表达健康的爱意和情感。他还设立了女儿觉得自己应该被男人怎样对待的标准。他甚至决定了女儿对自己有怎样的感受。

父亲还对女儿的智力、情感和身体发育产生着巨大的影响。依恋父亲的学步期孩子，会拥有更好的解决问题技能。[1] 和父亲关系亲密的女孩会取得更高的学术成就。随着年龄的增长，与

---

[1] *Strong Fathers, Strong Daughters*, Meg Meeker, Ballantine Books, 2007。——作者注

父亲的关系会成为延迟和预防女儿发生婚前性行为、滥用药物和酗酒的首要因素。如果一个女孩拥有一位称职的父亲，那她会更加自信，并且拥有更强的自尊心。而且，她还会有更强的数理计算能力和语言表达能力，也会有更高的智力水平。

如果父亲在女儿生活中做出的是充满活力和爱意，积极的角色榜样，这会给她们机会用这些性格特质，作为衡量未来出现在她们生活中的男人的一把标尺。一个男人对待妻子的方式会告诉一个女孩，在之后的生活中，她应该期望自己得到男士们怎样的对待和重视。如果她父亲的行为表明他重视母亲，因为她是一个值得爱和尊重的人，那么这个女孩也会期望自己能从丈夫那里得到这些。如果她父亲表现出的是虐待或不尊重她的母亲，那么这个女孩可能会觉得自己作为妻子，也应该得到这样的对待。

而且，如果父亲向女儿表达爱意、尊重和欣赏，她就会相信自己作为一个女人值得拥有这一切，无论别人怎么想。

一个拥有父亲的爱的小女孩，知道得到一个男人无条件、毫无保留的爱是什么样的。她知道由这种爱所带来的安全感。

相反，如果一个男人遗弃或虐待他的女儿，这会为她留下持续一生的伤痛、不信任他人和毫无价值感。如果一个男人对家中的女性总是保持着愤怒和不尊重的态度，那他的女儿会期望自己被所有男人如此对待。如果一个男人没有给女儿提供照料和保护，那她也不会期待与自己建立关系的男人有这样的行为。一个女人为什么愿意嫁给一个不能或者不愿意工作来养家的男人呢？她为什么会嫁给一个虐待或遗弃她的男人呢？她可能不是有意要这样做。也许是因为她在成长过程中所形成的模式，她在潜意识里会被这种类型的男人吸引，并且相信自己应该得到这样的对待，而不值得拥有更好的生活。

一个女人的父亲还在一个方面扮演着很重要的角色：她的性决策过程。举个例子，父亲不称职或者缺失父亲的女孩，与拥有称职父亲的同龄女孩相比，会在更早的时候出现性活跃行为。他们还会有很多的性伴侣。如果一个女人的生活中没有健康的男性角色榜样，那她通常在甄别哪些男人会伤害她、虐待她或遗弃她上碰到困难。在某种程度上，这种女人就像是落入狼口的小羊羔。通常情况下，这些女人会依然选择同一类型的男人，然后一次又一次地得到同样的结果。

还认为自己不重要吗，父亲们？请再想一想。

对你的妻子来说

作为丈夫,你需要满足妻子的很多需求。或许,这其中最重要的是,妻子需要知道自己是被爱并且被需要的。她需要经常确认这一点。如果你没有经常用话语向她证明你的爱,或者没有经常用行为向她表明你爱她,那她就会变得"了无生气"。这不是那种每天无所事事,渴望赞美的了无生气,而更像是植物很久没有被浇水的了无生气。所有女人都想要知道的事是:"他还爱我吗?"对于男人来说,我们所做的总是比我们所说的更响亮。所有男人都知道,要用行为,而不是话语去评判一个男人。不管男人可能会说什么,他们只会花时间去做他们在意的事情。如果我们热爱某件事(钓鱼、打猎、修理旧汽车等),我们就会把时间花在这件事上。如果我们不喜欢某件事(去教堂、购物、做饭、打扫屋子等),在完成必要的部分之后,我们绝不会再在这件事上多花任何时间。因此,如果我们说我爱我们的妻子,但却从不花时间陪她,我们传递的其实是一个矛盾的信息。

所有的女人都渴望知道她们是美丽的。美丽是所有女性都在意的事情。上帝创造了女性的脸庞与身材,让男性爱慕甚至贪恋。所有的女人都想要知道她们是美丽的。与其说想要,不如说她们需要知道自己是美丽的,并且是被渴望着的。女性经常通过人际关系和自己的外貌培养自尊心。上帝创造的每个女人都是自然而美丽的。伙计们,要经常(每天)告诉你的妻子,她很美,你很爱她。她需要听到这些(即便你已经说过成千上万次),并且,你会为你做的这些感到高兴。

最后,丈夫还有一个角色,就是提供庇护——面对生活的责任时要首当其冲。我们可以看到,成为单亲妈妈的影响之一,是她们会被生活击倒。她们不得不独自面对生活,以及其中的所有问题,她们没有人可以帮她们分担责任、做决定、执行规则,或是做家务。我甚至听到极端的女权主义者抱怨说,她们不得不承担生活的所有重担——必须做出所有的决定。伙计们,保护你的妻子免受生活之苦吧。这不是说她不是一个和你平等的伴侣,只是说你有更好的体力和天赋,能够肩负起这些家庭的重担。

对你的家庭来说

做父亲是很不容易的。这可能是我做过的最难的一件事了,而且它似乎会越来越难。我的孩子年纪越大,要解决的问题似乎就会更难也更复杂。我养育第一个孩子的经验,和我养育下第二个孩子的经验似乎没有什么关系。而且,在一种情形下管用的方法,极少会在下一情形中管用。

但是,所有真正有意义和重要的事情都是困难的。事情越重要,它就会变得越困难。所以不用说,如果父亲是你所做过的最困难的事情,那这可能是因为它是你所扮演的最重要和有意义的角色。当然,作为父亲,你在孩子的生活中以难以想象的方式占据了不可或缺并且是不可替代的位置。你对家庭的重要性体现在以下几个方面:

作为一个维持家庭生计的人:为孩子提供物质保障,是男人在最早期就履行的一个角色,也是最基本的角色。人类历史上,在很长一段时间里,男人的角色就是狩猎,并为家人提供食物。当狩猎采集者逐渐淘汰之后，男人们开始耕种，工业革命之后，他们去工厂工作，但这些始终涵盖在"维持家庭生计"的范围之内。作为男人，这一角色在我们心中如此根深蒂固，以至于如果我们不去支撑家庭，它通常就会以强烈的方式影响我们。但有时候，维持家庭生计包含的不仅仅是工作更长时间或者更努力地工作。

作为一名保护者： 我们作为父亲角色的一大部分内容，是保护我的孩子，不仅在身体上，还有心理和情感上。爸爸们需要足够坚强，这样才能守护他的家，以及保障家人的安全。我们的孩子尊重我们，是因为我们向他们提供生活保障，并且保护着他们。今天，我在医生的办公室里，一个小女孩（可能不足两岁）在那儿打针。当针头扎进她的胳膊时，她开始哭着大喊："爸爸，爸爸！"打完针后，她让妈妈来安抚她，但是她的本能是哭着要爸爸来保护她免受伤害和痛苦。

爸爸们不仅要身体强壮，情感上也要足够坚强。这是因为爸爸不仅要提供身体上的保护，还要抵御不健康的心理和情感攻击。但是，身体的坚强和家庭中的坚强是两回事。很多爸爸身体很强壮，他们可以毫不犹豫地为了孩子而战，但是对袭入家中的文化，他们却会置之不理，无法保护孩子免受其影响。如果爸爸消极，无动于衷，不好意思干预，或者甚至对家庭中出现的文化影响漠不关心，他就会让自己被"束缚住手脚"，进而导致他的家庭被大肆破坏。

例如，许多父母都会对干涉孩子选择朋友感到不自在。但是，朋友可能会造成极大的伤害。很多时候，孩子只需要和一个错误的人在一起待 20 分钟，父母就会看到自己 20 年的养育成果付诸东流。你不会考虑让孩子靠近一个装满有毒药品的药柜，那么你为什么会让他们毫无限制地接近危险的朋友？这些人对健康造成的损害和药物一样。你也不会让大一些的孩子和皮条客或毒贩混在一起，但和他们一起上学的年轻人中，即使在今日还有人在从事这样的勾当。

过多接触媒体对孩子同样有害。过量地接触社交媒体、电视、电脑游戏等，对发育中的大脑是有害的，更不用说那些色情内容让人上瘾的能力了。

父亲们，你们需要更多地关注和监督那些正在接近孩子生活的外界影响。孩子们需要你——即使他们抗议说他们不需要。

作为一个照料者：一个照料者并不只是为他所保护的人提供物质上的保障。尽管满足物质需求（食物、住所、衣物等）是他角色的一部分，但这份职责远不止于此。它还包括预测未来可能的或被期望的需求，并要为这些需求做好准备，无论它们是物质上的、情感上、心理上，还是身体上的。这意味着要有前瞻性的眼光——有超越当下，展望未来的能力。这些需求或许是显而易见的，例如孩子上大学的学费、女儿的嫁妆，或是退休储蓄。或者，它们可能是更加难以确定的，比如预先看出（甚至在她有这样的需求之前）你的妻子没有说出来的需求；在某个时候回到大学去完成学位，安排好资金和你们的时间，让它得以实现。或是预先想到你的孩子可能会在青春期经历某些危险活动，例如吸毒、饮食障碍或自我伤害，事先了解这些问题，这样，在它们出现之前，你就做好了有效解决的准备。或者，可能预先想到你可能最终在某一天要养育自己的孙子孙女。做一个照料者意味着，作为男人，你并不迟钝——尽管我们的社会期望你是如此。

我想不出在我做父亲的过程中哪一个阶段是特别容易的。坦白说，我的孩子年龄越大，做父亲就会变得越难。做父亲和养家都很难。领导一个家庭也很难，尤其是在今天。但是你的家人都在依赖着你的力量。如果没有你的存在和男性的担当，他们就无法茁壮成长。你带来的保护和照料，会保护他们免受伤害，有你在，他们就有所依靠，并拥有生活的保障。

结　语
更好的父母，更好的家庭，
更好的世界

"人性中最深处的本能是渴望得到他人的欣赏。"从婴儿时期到老年，我们所有人都以不同的方式问着同样的问题："有人爱我吗？""我对某人来说是重要的吗？""我被他人欣赏吗？"令人遗憾的是，有那么多的孩子在成长过程中对这些问题没有得到肯定的回答。

——威廉·詹姆斯

结　语　更好的父母，更好的家庭，更好的世界

在我们名为"更好的爸爸"（Better Dad）的机构里，我们会经常说这样一句话："更好的父母＝更好的家庭＝更好的世界。"我们相信，通过教育、指导，以及赋予父母力量可以使他们成为更好的爸爸妈妈，这样我们就能帮助人们建立更好的家庭。而更好的家庭必然会带来一个更好的世界。

作为父母，你对孩子的影响比世界任何人的都大。很多父母都对来自外界的影响感到担忧，但是一项又一项的研究表明，对一个孩子生活（甚至是十几岁的青少年）影响最大的人是他的父母。如果没有人告诉过你，那我要在此重申：你很重要。有些人可能会觉得我说这句话有些可笑，但你们中的一些人确实不知道这一点。可能你有十几岁的孩子，你认为他们受视频、电影明星的影响要比受父母的影响更大。在你的孩子进入青春期时，那些东西确实会带来负面的影响，但是，你带来的那些健康的会融入生命的影响能起到平衡作用，并最终抵消掉这些负面的影响。研究还表明，经常与父母待在一起的儿童和十几岁的孩子，会拥有更高的自尊心和更好的人际交往能力。

青少年不愿意花时间和父母待在一起，这是一种固有的成见。

2007年，MTV①对13至24岁的青少年们进行了一项为期7个月的深入研究，询问他们："生活中让你最开心的事情是什么？"到目前为止，最多的答案是："和朋友、家人和所爱的人待在一起。"这也意味着，你在他们的生活中有着远超其他人的影响。

但这同样意味着，我们必须要有意愿和足够的勇气把这种影响贯彻到实际当中。如果我们经常不在孩子身边，或者害怕把我们的价值观和理念套到孩子身上，我们就放弃了这种影响力，也浪费掉了教给他们宝贵人生经验的机会。而且，如果我们让过去的创伤支配我们的养育方式，我们也会浪费掉这份宝贵的礼物——以积极的方式影响孩子的生活。

也请你认识到，你的话语对你的孩子来说有着极大的影响力。他们在之后的很多年里都会记得你说过的很多话。事实上，他们整个人生观的塑造——无论是变得更好还是变得更糟——都会受到你说的话语的影响。甚至在日常生活中，你的孩子对正面话语的回应，都比对你批评、说教或唠叨他们去做事情的回应要好得多。与之相反，只要有可能，就有意识地用言语去表达祝福和给予鼓励，无论你是大声喊，低声说，或是把它当成生活的一部分随口说出。

---

① MTV（Music Television 的缩写）是美国的一档付费电视频道，于1981年8月创立，最初以播放音乐录影带为主。该频道最初的目标群体为年轻人，现在则多为青少年，主要是高中生和大学生。——译者注

我们也不要忘记，母亲和父亲相互配合，比单独个人要更有影响力。如果男人和女人用各自的优势来弥补对方的不足，他们就会变成一个团队，比单独个人更为强大。我鼓励你们作为团队制定一个计划，有意地向你的孩子传递你们的价值观。通常情况下，如果我们对生活做出被动的反应（而不是主动出击），我们就会错失教导孩子的时机，或对此进行不当的处理。你的儿子和女儿需要你所有的帮助和经验，以便成功地成长为更好的男人和女人。

最后的话

最后,不要放弃,永远不要放弃!你比你所知道的还要可贵,更有价值。你的孩子需要你,无论他们长到多大,无论你犯了多少错误。而且,不管别人怎么说你,你都是重要的!人们对你的爱和依赖,要比你意识到的还要多。你有很多东西可以奉献给这个世界。你所承受的和已经克服的挑战,让你有能力去帮助那些经历着同样痛苦的人们。你的经历已成为过往。是时候成为你想要成为的人了。打破那些代际循环,这是你为发生在你身上的事赢得公平的方法。当你成为你在儿时应该拥有的那种父母时,你就取得了胜利。最好的报复就是好好生活。我为你感到自豪——祝你拥有美好的生活!

(完)